AF275070

COLEX

20,00

Disfrute gratuitamente **DURANTE UN AÑO** del eBook de esta obra

⊘ Acceda a la página web de la editorial **www.colex.es**

⊘ Identifíquese con su usuario y contraseña. En caso de no disponer de una cuenta regístrese.

⊘ Acceda en el menú de usuario a la pestaña «Mis códigos» e introduzca el que aparece a continuación:

RASCAR PARA VISUALIZAR EL CÓDIGO

⊘ Una vez se valide el código, aparecerá una ventana de confirmación y su eBook estará disponible **durante 1 año desde su activación** en la pestaña «Mis libros» en el menú de usuario

No se admitirá la devolución si el código promocional ha sido manipulado y/o utilizado.

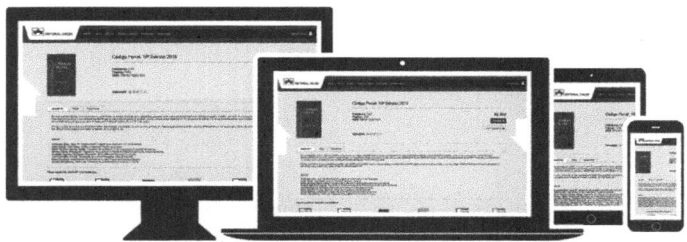

¡Gracias por confiar en Colex!

La obra que acaba de adquirir incluye de forma gratuita la versión electrónica.
Acceda a nuestra página web para aprovechar todas las funcionalidades de
las que dispone en nuestro lector.

Funcionalidades eBook

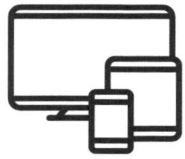

**Acceso desde
cualquier dispositivo**

**Idéntica visualización
a la edición de papel**

Navegación intuitiva

Tamaño del texto adaptable

Puede descargar la APP "Editorial Colex" para acceder a sus libros
y a todos los códigos básicos actualizados.

Síguenos en:

TRABAJO A TIEMPO PARCIAL

TRABAJO A TIEMPO PARCIAL

Todas las claves relacionadas con la contratación, derechos, jornada, cotización y prestaciones del trabajo a tiempo parcial

EDICIÓN 2024

Obra realizada por el Departamento de Documentación de Iberley

COLEX 2024

Copyright © 2024

Queda prohibida, salvo excepción prevista en la ley, cualquier forma de reproducción, distribución, comunicación pública y transformación de esta obra sin contar con autorización de los titulares de propiedad intelectual. La infracción de los derechos mencionados puede ser constitutiva de delito contra la propiedad intelectual (arts. 270 y sigs. del Código Penal). El Centro Español de Derechos Reprográficos (www.cedro.org) garantiza el respeto de los citados derechos.

Editorial Colex S.L. vela por la exactitud de los textos legales publicados. No obstante, advierte que la única normativa oficial se encuentra publicada en el BOE o Boletín Oficial correspondiente, siendo esta la única legalmente válida, y declinando cualquier responsabilidad por daños que puedan causarse debido a inexactitudes e incorrecciones en los mismos.

Editorial Colex S.L. habilitará a través de la web www.colex.es un servicio online para acceder a las eventuales correcciones de erratas de cualquier libro perteneciente a nuestra editorial, así como a las actualizaciones de los textos legislativos mientras que la edición adquirida esté a la venta y no exista una posterior.

© Editorial Colex, S.L.
Calle Costa Rica, número 5, 3.º B (local comercial)
A Coruña, 15004, A Coruña (Galicia)
info@colex.es
www.colex.es

I.S.B.N.: 978-84-1194-260-7
Depósito legal: C 23-2024

SUMARIO

1.
CONCEPTO Y PRINCIPALES CARACTERÍSTICAS DEL CONTRATO DE TRABAJO A TIEMPO PARCIAL

El contrato a tiempo parcial podría definirse como la contratación laboral por un número de horas inferiores a la jornada laboral completa fijada por convenio.

Definición (art. 12.1 del ET)	Cuando se haya acordado la prestación de servicios durante un número de horas al día, a la semana, al mes o al año inferior a la jornada de trabajo de un trabajador a tiempo completo comparable.
Trabajador a tiempo completo comparable	Un trabajador a tiempo completo de la misma empresa y centro de trabajo, con el mismo tipo de contrato de trabajo y que realice un trabajo idéntico o similar.
Jornada a tiempo completo	Se considerará la jornada a tiempo completo la prevista en el convenio colectivo de aplicación o, en su defecto, la jornada máxima legal dispuesta en el (art. 34.1 del ET).
Modalidades. Puede establecerse en:	Contratación mediante un contrato indefinido.
	Contratación mediante contratos de duración determinada.
	Contratación para completar la jornada reducida por otra persona trabajadora (art. 15.3 del ET). El contrato de sustitución vigente desde el 30 de marzo de 2022 podrá concertarse para completar la jornada reducida por otra persona trabajadora, cuando dicha reducción se ampare en causas legalmente establecidas o reguladas en el convenio colectivo y se especifique en el contrato el nombre de la persona sustituida y la causa de la sustitución.
	Contratos fijos-discontinuos cuando por convenio colectivo se permite si las peculiaridades de la actividad del sector lo justifican (art. 16.5 del ET).
	Contrato de trabajo para la relación laboral especial de hogar familiar.
	Contrato de formación en alternancia.
	Contrato formativo para la obtención de la práctica profesional.

Duración y comunicación	El contrato a tiempo parcial podrá concertarse por tiempo indefinido o por duración determinada y siempre por escrito. Existe obligación de comunicación al Servicio Público de Empleo, al trabajador y a los representantes legales de los trabajadores (art. 12 del Estatuto de los Trabajadores).
Otras características:	Los trabajadores contratados a tiempo parcial que no estén percibiendo prestaciones económicas por desempleo podrán suscribir voluntariamente con la entidad gestora competente un «convenio especial» de la Seguridad Social.
	Es también un contrato a tiempo parcial el celebrado para que un trabajador pueda acceder a la jubilación parcial, en los términos establecidos en el apartado 2 del art. 215 de la Ley General de la Seguridad Social.
	Los trabajadores a tiempo parcial tendrán los mismos derechos que los trabajadores a tiempo completo (reconocidos en las disposiciones legales y reglamentarias y en los convenios colectivos, de manera proporcional al tiempo trabajado) (art. 12 del ET).
	Los convenios colectivos establecerán medidas para facilitar el acceso efectivo de los trabajadores a tiempo parcial a la formación profesional continua, a fin de favorecer su progresión y movilidad profesional.
	Con efectos de 01/09/2023 no se incentivarán los contratos con jornadas parciales inferiores al 50 por 100 de la jornada a tiempo completo de una persona trabajadora, salvo en los supuestos de permisos por conciliación (art. 10.2 del Real Decreto-ley 1/2023, de 10 de enero).
	Se regula un régimen especial de horas complementarias (art. 12 del ET).
	Se establece una obligación de registro de la jornada de los trabajadores a tiempo parcial.
Se presumirá celebrado a jornada completa cuando:	a) Se incumplen las obligaciones de registro de jornada (salvo prueba en contrario que acredite el carácter parcial de los servicios).
	b) Se incumplen las obligaciones de formalización por escrito, en el modelo oficial al efecto y haciendo constar el número de horas diarias, semanales o mensuales por las que es contratada la persona trabajadora y cómo se distribuyen. (salvo prueba en contrario que acredite el carácter parcial de los servicios).
Falta de información de vacantes en la empresa	Se tipifica como infracción leve en materia de relaciones laborales individuales y colectivas el no informar a los trabajadores a tiempo parcial, a los trabajadores a distancia y a los trabajadores con contratos de duración determinada o temporales sobre las vacantes existentes en la empresa, en los términos previstos legalmente (arts. 12-15 del ET y art. 6.5 de la LISOS).

Representación de los trabajadores y contratación a tiempo parcial	El crédito horario legalmente establecido a favor de los representantes de los trabajadores, implica la atribución en tal concepto de un número determinado de horas mensuales en función de la plantilla de la empresa, y este es el criterio que debe operar, junto al fundamento de que la defensa de los intereses para los que ha sido establecido depende de la complejidad de los mismo con independencia de la extensión de la jornada del trabajador al que corresponde, por lo que no cabe reducirlo en proporción a la jornada de trabajo que deba realizar el representante sindical contratado a tiempo parcial. (STSJ Cataluña n.º 7134/1999, 18 de octubre, ECLI:ES:TS-JCAT:1999:9602).
Conversión de un trabajo a tiempo completo en un trabajo a tiempo parcial o viceversa	- La conversión de un trabajo a tiempo completo en un trabajo a tiempo parcial o viceversa ha de producirse siempre de forma voluntaria por el trabajador (art. 14 del ET). - El empresario debe informar a los trabajadores a tiempo parcial de la existencia de puestos de trabajo a tiempo completo. La regulación de la citada conversión ha de hacerse siguiendo lo establecido en el convenio colectivo aplicable para el sector de trabajo (art. 12 del ET). - Los trabajadores que hubiesen transformado su situación de tiempo parcial a completo y quisiesen recuperar la primera, tendrán preferencia para el acceso a un puesto de trabajo vacante de dicha naturaleza e igual grupo profesional o categoría.
Los convenios colectivos pueden regular:	- La interrupción en la jornada diaria [art. 12.4 b) del ET]. - El reconocimiento de derechos de manera proporcional, en función del tiempo trabajado [art. 12.4 d) del ET]. - Los procedimientos para informar a los trabajadores de la empresa sobre la existencia de puestos de trabajo vacantes [art. 12.4 e) del ET]. - Las medidas para facilitar el acceso efectivo de los trabajadores a tiempo parcial a la formación profesional continua, a fin de favorecer su progresión y movilidad profesionales [art. 12.4 f) del ET]. - El preaviso para la realización de las horas complementarias [art. 12.5 d) del ET].
Vacaciones, fiestas, descanso semanal y permisos	Se aplican los mismos derechos que para las personas trabajadoras a jornada completa fijados en el art. 37 del ET en cuanto a la duración de fiestas, descanso semanal y permisos [art. 12.4 d) del ET], encontrando la diferencia en su retribución (de forma proporcional a la jornada realizada). Es posible el derecho al permiso de lactancia (también de forma acumulada). Como se ha indicado, por convenio es posible alcanzar acuerdos para el reconocimiento de derechos de manera proporcional, en función del tiempo trabajado. El derecho a 30 días naturales de vacaciones fijado por el art. 38 del ET es independiente de la duración de la jornada o las existencias de contrato a tiempo completo o a tiempo parcial.

A TENER EN CUENTA. Con efectos de 01/10/2023, la jornada a tiempo parcial computa como un día entero cotizado a efectos de acreditar los períodos de cotización necesarios para el reconocimiento de las prestaciones de jubilación, incapacidad permanente, muerte y supervivencia, incapacidad temporal, nacimiento y cuidado del menor de las personas trabajadoras a tiempo parcial (art. 247 de la LGSS).

RESOLUCIONES RELEVANTES

SAN n.° 99/2018, de 14 de junio, ECLI:ES:AN:2018:2482

Retribución correspondiente a vacaciones de los trabajadores contratados a tiempo parcial. Para la sala de lo social, «La jornada de convenio y el salario de convenio no son parámetros equivalentes, pues, mientras el salario anual comprende, además de la prorrata de pagas extraordinarias, la retribución correspondiente a vacaciones, la jornada anual recoge exclusivamente las horas de trabajo efectivo (excluidas, por tanto, las vacaciones)».

En consecuencia, «Si el salario de convenio incluye la retribución a percibir durante las vacaciones, no cabe dividirlo sin más entre las horas que son exclusivamente de trabajo efectivo y pretender que ese es el valor de la hora de trabajo». En casos como el analizado, el valor hora del trabajo a tiempo parcial realizado será «el valor de la hora de trabajo más la parte proporcional de la retribución por vacaciones». Es decir, los días de vacaciones han de computarse para calcular la hora de salario.

STS n.° 529/2017, de 20 de junio, ECLI:ES:TS:2017:2684

Límite de los salarios abonados por el FOGASA en contratos a tiempo parcial. Según el TS, en contratos a tiempo parcial el límite del duplo del SMI abonado por el FOGASA se reduce en igual porcentaje que la jornada laboral pactada. Para el cálculo de sus obligaciones el fondo computa el salario real, siempre que sea inferior al duplo del SMI que es el tope.

CUESTIÓN

¿Cómo ha afectado la reforma laboral 2021-2022 a las contrataciones a tiempo parcial?

Con efectos de 30/03/2022:

- Se modifica el art. 12.2 del ET eliminando la restricción en la contratación a tiempo parcial en los contratos para la formación y el aprendizaje. [Los nuevos contratos de formación en alternancia con el trabajo (formación dual) tras la reforma laboral 2022 podrán concertarse a tiempo parcial].

- Se modifica el art. 16.5 del ET permitiendo que los contratos fijos-discontinuos puedan realizarse a tiempo parcial cuando por convenio colectivo se permita.

- Las personas contratadas con contrato de formación en alternancia no podrán realizar horas complementarias [art. 11.2. k) del ET].

- Se modifica art. 6.5 de la LISOS considerando infracción leve en materia de relaciones laborales individuales y colectivas: «No informar a los trabajadores a tiempo parcial, a los trabajadores a distancia, a los trabajadores con contratos de duración determinada o temporales, incluidos los formativos, y a los trabajadores fijos-discontinuos sobre las vacantes existentes en la empresa, en los términos previstos en los artículos 12.4, 13.3, 15.7 y 16.7 del Estatuto de los Trabajadores».

– Los contratos realizados para cubrir trabajos realizados, de carácter estacional o vinculados a actividades productivas de temporada, o para el desarrollo de aquellos que no tengan dicha naturaleza pero que, siendo de prestación intermitente, tengan periodos de ejecución ciertos, determinados o indeterminados pasan a ser de carácter fijo discontinuo, dejando de estar sujetos a la regulación del contrato a tiempo parcial.

1.1. Regulación actual del trabajo a tiempo parcial

Como regulación básica del contrato a tiempo parcial podemos citar:

– Art. 12 del Real Decreto Legislativo 2/2015, de 23 de octubre, por el que se aprueba el texto refundido de la Ley del Estatuto de los Trabajadores.

– Arts. 245-248 del Real Decreto Legislativo 8/2015, de 30 de octubre, por el que se aprueba el texto refundido de la Ley General de la Seguridad Social.

– Real Decreto-ley 6/2019, de 1 de marzo, de medidas urgentes para garantía de la igualdad de trato y de oportunidades entre mujeres y hombres en el empleo y la ocupación.

– Orden de cotización anual.

– Real Decreto-ley 2/2023, de 16 de marzo, de medidas urgentes para la ampliación de derechos de los pensionistas, la reducción de la brecha de género y el establecimiento de un nuevo marco de sostenibilidad del sistema público de pensiones.

– Arts. 18-20 del Real Decreto 2317/1993, de 29 de diciembre, por el que se desarrollan los contratos en prácticas y de aprendizaje y los contratos a tiempo parcial.

1.2. Breve referencia al contrato de trabajo a tiempo parcial en el derecho internacional y comunitario

Con arreglo al objetivo de suprimir las discriminaciones entre trabajadores a tiempo parcial y trabajadores a tiempo completo la **cláusula 4.1 del Acuerdo Marco sobre el trabajo de duración determinada** (Directiva 1999/70/CE del Consejo, de 28 de junio de 1999) se opone, por lo que respecta a las condiciones de empleo, a que se trate a los trabajadores a tiempo parcial de una manera «menos favorable» que a los trabajadores a tiempo completo comparables por el simple motivo de que trabajen a tiempo parcial, a menos que se justifique un trato diferente por razones objetivas.

Además, el TJUE (Tribunal de Justicia de la Unión Europea) ha declarado que dicha disposición tiene por objeto aplicar el principio de no discriminación a los trabajadores a tiempo parcial con vistas a impedir que una relación laboral de esta naturaleza sea utilizada por un empleador para privar a tales trabajadores de derechos que son reconocidos a los trabajadores a tiempo completo (STJUE n.° C-177/18, de 22 de enero de 2020, ECLI:EU:C:2020:26 y jurisprudencia que cita).

También resulta ineludible recordar la regulación de la OIT al tratarse de hitos importantes a los que se ha acomodado la normativa que analizaremos a lo largo: Recomendación sobre la reducción de la duración del trabajo, 1962 (n.° 116) que establecen el principio de la semana de 40 horas de trabajo, el Convenio sobre el descanso semanal (industria), 1921 (n.° 14), Convenio sobre el descanso semanal (comercio y oficinas), 1957 (n.° 106) obligación de disfrutar de un período de descanso de al menos 24 horas consecutivas cada siete días, Convenio sobre las vacaciones pagadas (revisado), 1970 (n.° 132) para que todos disfruten de al menos tres semanas laborales de vacaciones anuales pagadas por cada año de servicio, Convenio sobre trabajo nocturno, 1990 (n.° 171), y, especialmente, el **Convenio sobre el trabajo a tiempo parcial, 1994 (n.° 175)** (garantizar que las personas trabajadoras a tiempo parcial disfruten proporcionalmente las mismas condiciones de trabajo, protección, salario base y seguridad social que los/as trabajadores/as a tiempo completo).

1.3. Principio de no discriminación, principio de proporcionalidad y principio de equiparación

El **principio de no discriminación** garantiza que los trabajadores a tiempo parcial no sean tratados de manera menos favorable que los trabajadores a tiempo completo en situaciones comparables, a menos que tal trato se justifique por razones objetivas. Esto implica que todos los derechos y beneficios laborales deberían reconocerse a estos trabajadores de manera proporcional a sus horas de trabajo.

El **principio de proporcionalidad** significa que los derechos y obligaciones del trabajador a tiempo parcial deben ser proporcionales a los de un trabajador a tiempo completo. **No obstante,** por negociación colectiva, **algunos derechos pueden ser equiparados a los de los trabajadores a tiempo completo,** por lo que, dependiendo de la naturaleza de los mismos, el **principio de equiparación** supone que el convenio colectivo pueda equiparar los derechos de los trabajadores a tiempo parcial y completo por razón de la naturaleza del derecho.

Con el objetivo de normalizar el trabajo a tiempo parcial y establecer un mecanismo de garantía en orden a lograr paliar la discriminación indirecta, se publicó el **Real decreto-ley 6/2019, de 1 de marzo, de medidas urgentes para la garantía de la igualdad de trato y oportunidades entre mujeres y**

hombres en la ocupación que modificó el art. 12.4 d) del ET (con misma redacción en la actualidad). A través de esta vía se reguló la necesitada mención de forma expresa a la discriminación, tanto directa como indirecta, por razón de género en la **aplicación del principio de proporcionalidad de los derechos de las personas trabajadoras a tiempo parcial**.

Literalmente la nueva redacción del art. 12 del ET reza de la siguiente forma:

> «Las personas trabajadoras a tiempo parcial tendrán los mismos derechos que los trabajadores a tiempo completo. Cuando corresponda en atención a su naturaleza, tales derechos serán reconocidos en las disposiciones legales y reglamentarias y en los convenios colectivos de manera proporcional, en función del tiempo trabajado, debiendo garantizarse en todo caso la ausencia de discriminación, tanto directa como indirecta, entre mujeres y hombres».

Este artículo ha de interpretarse además en consonancia con la norma europea que incorpora, esto es, con la cláusula 4, números 1 y 2, del acuerdo anexo a la Directiva 97/81/CE del Consejo de 15 de diciembre de 1997 relativa al Acuerdo marco sobre el trabajo a tiempo parcial concluido por la UNICE, el CEEP y la CES (SAN n.° 224/2021, de 26 de octubre de 2021, ECLI: ES:AN:2021:4504):

> «Cláusula 4: Principio de no discriminación
> 1. Por lo que respecta a las condiciones de empleo, no podrá tratarse a los trabajadores a tiempo parcial de una manera menos favorable que a los trabajadores a tiempo completo comparables por el simple motivo de que trabajen a tiempo parcial, a menos que se justifique un trato diferente por razones objetivas.
> 2. Cuando resulte adecuado, se aplicará el principio de *pro rata temporis*».

El equilibrio entre los principios de no discriminación (o igualdad) y proporcionalidad ha venido siendo, y es, uno de los principales litigios planteados por los trabajadores a tiempo parcial, porque la dificultad se pone de manifiesto en el mismo momento de valorar si la reducción de derechos conforme a la inferior jornada realizada se aplica de forma proporcionada y **siempre teniendo presente que la mayoría de estos contratos se han formalizado con mujeres.** (STSJ de Cataluña, rec. 65/2023 de 17 de julio del 2023, ECLI:ES:TSJCAT:2023:7770).

A TENER EN CUENTA. El art. 12.4 d) del ET, que constituye una trasposición completa de la Directiva 97/1981/CE del Consejo de 15 de diciembre de 1997 relativa al Acuerdo marco sobre el trabajo a tiempo parcial, e integra una protección completa y suficiente al respecto, dispone que las personas trabajadoras a tiempo parcial tendrán los mismos derechos que los trabajadores a tiempo completo, precisando, a continuación que, tales derechos serán reconocidos en las disposiciones legales y reglamentarias y en los convenios colectivos de manera proporcional, en función del tiempo trabajado, debiendo garantizarse en todo caso la ausencia de discriminación, tanto directa como indirecta, entre mujeres y hombres, cuando corresponda en atención a su naturaleza.

Estos principios transversales se manifiestan especialmente en las siguientes materias:

a) Discriminación indirecta en caso de trabajo a tiempo parcial

A efectos de evitar la discriminación, como hemos citado, dado que las contratadas a tiempo parcial (o con reducción de jornada) son más mujeres que hombres también entrarían en juego:

– El art. 6.1.b) de la **Ley 15/2022, de 12 de julio, integral para la igualdad de trato y la no discriminación**, donde se define como discriminación indirecta aquella situación que se produce cuando una disposición, criterio o práctica aparentemente neutros ocasiona o puede ocasionar a una o varias personas una desventaja particular con respecto a otras por razón de las causas previstas en el apartado 1 del artículo 2, el cual a su vez establece, el sexo entre las señas identitarias o rasgos protegidos frente a la discriminación y tributarios de un trato igualitario.

– La **LO 3/2007, de 22 de marzo, para la igualdad efectiva de mujeres y hombres** en su art. 6.2 indica que: Se considera discriminación indirecta por razón de sexo la situación en que una disposición, criterio o práctica aparentemente neutros pone a personas de un sexo en desventaja particular con respecto a personas del otro, salvo que dicha disposición, criterio o práctica puedan justificarse objetivamente en atención a una finalidad legítima y que los medios para alcanzar dicha finalidad sean necesarios y adecuados. (SAN n.º 54/2023, de 24 de abril de 2023, ECLI:ES:AN:2023:2023).

b) Salarios y retribuciones complementarias

A efectos de retribuciones, a día de hoy es incuestionable el principio de no discriminación entre trabajadores a tiempo parcial y completo (al igual que entre fijos y temporales), de modo que la parcialidad (o temporalidad) del contrato no constituyen en términos generales razones que justifiquen la dispensa de un trato dispar en materia retributiva.

La Directiva 97/81/CE, y el art. 12 del ET, impiden aplicar a los trabajadores a tiempo parcial condiciones de empleo (entre ellas las retributivas) de manera menos favorable que a los trabajadores a tiempo completo comparables, práctica que sería constitutiva además de discriminación indirecta cuando afecta mayoritariamente a trabajadoras. (García Murcia, Joaquín. Revista de jurisprudencia laboral n.º 1/2020. STS-SOC núm. 790/2019, de 19 de octubre).

Son numerosas las sentencias que han tratado sobre la cuestión relativa a las exigencias legales de igualdad y proporcionalidad entre trabajadores a tiempo completo y a tiempo parcial a la hora de percibir determinados complementos salariales. A modo de resumen destacamos:

– **STS n.º 936/2020, de 22 de octubre, ECLI:ES:TS:2020:3677** (citada en la más reciente STS n.º 569/2023, de 20 de septiembre del 2023, ECLI:ES:TS:2023:3982), establece como criterio general que *«(...) la equiparación entre trabajadores fijos y trabajadores a tiempo parcial debe ser plena cuando el derecho en juego sea indivisible, mientras* *que deberán reconocerse proporcionalmente, cuando los derechos sean medibles en función del tiempo de trabajo, considerándose que ese es el factor decisivo, sin que sea relevante que el convenio colectivo no haya distinguido entre una clase y otra de trabajadores».*

– **STS, rec. 18/2015, de 5 de mayo de 2006, ECLI:ES:TS:2006:3493** ha señalado (partiendo del reiterado art. 12.4 d del ET) la equiparación de derechos entre los trabajadores a tiempo completo y a tiempo parcial contraponiendo, como excepciones, aquellos derechos, cuya naturaleza justifique su disfrute proporcional en función del tiempo trabajado. Para la sala de lo social, la regla general y sus excepciones se acomoda plenamente a lo dispuesto en el artículo 4 de la Directiva 97/81 del Consejo, de 15 de diciembre de 1997, para el acceso a particulares condiciones de empleo, a un periodo de antigüedad, a una duración del trabajo o condiciones salariales, y en lo que respecta al salario al Convenio núm. 175 de la OIT.

JURISPRUDENCIA

STS, rec. 141/2010, de 29 de marzo de 2011, ECLI:ES:TS:2011:2681

Se declara el derecho de los trabajadores que no hacen jornada completa a percibir el complemento salarial anual fijado por el convenio colectivo de cajas de ahorro.

CUESTIÓN

¿Cuándo se deben aplicar criterios de proporcionalidad a la hora de retribuir a un trabajador a jornada parcial?

En consecuencia de todo lo desarrollado en este apartado:

– El derecho del que se trate debe reconocerse de manera plena cuando por su propia naturaleza sea indivisible en relación al beneficio que reporta al trabajador, de modo que, si se estableciera en proporción a la jornada, resultara un perjuicio al trabajador a tiempo parcial. Así ocurriría, por ejemplo, si se intentara reducir una compensación por desplazamiento al puesto de trabajo, que se produce exactamente igual si se va a trabajar toda la jornada o parte de ella.

– El derecho disputado debe reconocerse proporcionalmente, si retribuye o compensa una situación susceptible de graduación en atención al tiempo de trabajo, de modo que, si no se produjera tal modulación, se produciría un agravio comparativo para los trabajadores a tiempo completo. (STJUE n.º C-33/89, de 27 de junio de 1990 y STC n.º 177/1993, de 31 de mayo.

c) Cobro de pluses

1. Antigüedad

Ya se haya trabajado a jornada completa o parcial el reconocimiento de la antigüedad será igual. De no seguirse esta interpretación se produciría una diferencia de trato peyorativa para los trabajadores a tiempo parcial en relación con los trabajadores a tiempo completo ya que, por ejemplo, ante un mismo trabajo y periodo de prestación de servicios, los trabajadores a jornada completa devengarían la antigüedad al transcurrir cierto número de años, en tanto a los trabajadores a jornada parcial se les tendría en cuenta, no la duración de la relación laboral, sino el tiempo de servicios efectivamente prestados. (STS n.º 790/2019, de 19 de noviembre de 2019, ECLI:ES:TS:2019:4219).

> **RESOLUCIÓN RELEVANTE**
>
> **STSJ de Madrid, rec. 888/2022, de 26 de junio del 2023, ECLI:ES:TSJM:2023:7404**
>
> Analizando si un plus ha de ser reducido en la misma proporción a la reducción de jornada practicada por guarda legal: «(..) la actora tenía una jornada reducida del 50 % por cuidado de hijo de forma diaria, manteniéndose inalterado el número de días, con menos horas de trabajo cada día, lo que implica, como bien razona la sentencia de instancia, que ha de acudir a su puesto de trabajo diariamente en los turnos asignados de mañana, tarde y noche; con lo que está presente la rotación que justifica el abono del plus global de turno y la penosidad será idéntica, con independencia de las horas efectivas de trabajo, no siendo por tanto adecuado aplicar el principio prorrata temporis por las razones expuestas por la Sala en las invocadas sentencias».

2. Penosidad

En la STS, rec. 73/2006, de 24 de abril de 2007, ECLI:ES:TS:2007:3877, se desestima el recurso de casación interpuesto contra sentencia dictada por la Sala de lo Social de la Audiencia Nacional en proceso de Conflicto Colectivo. Se rechaza la argumentación del recurrente, según la cual el plus de festivos, como el de domingos, tienen una naturaleza compensatoria de la privación del descanso semanal en domingo a quienes habían generado tal derecho por el trabajo durante la semana, y no alcanza a los contratados, únicamente, para prestar sus servicios los fines de semana, dado que disponen de varios días para el descanso semanal. Se determina que lo que, realmente, viene a paliar el recargo litigioso pactado en el Convenio Colectivo es la penosidad de trabajar aquellos días festivos destinados al esparcimiento junto al resto de la familia y compañeros, quienes en su mayoría no trabajan en días «feriados», ni acuden a la escuela los hijos. Y esa penosidad se produce de la misma forma y manera cualquiera que sea la duración de la jornada de trabajo o su distribución. El Convenio Colectivo examinado, pues, ha plasmado de manera precisa el contenido art. 12.4 d) del Estatuto de los Trabajadores, cuando establece que «(...) los trabajadores a tiempo parcial tendrán los mismos derechos que los trabajadores a tiempo completo», como también consta la sentencia impugnada.

3. Vestuario

Analizando el abono del plus vestuario a los trabajadores a tiempo parcial la STS, rec. 209/2013, de 10 de junio de 2014, ECLI:ES:TS:2014:2569, entiende que abonar de manera proporcional al tiempo servicios el plus analizado no infringe los preceptos denunciados «(...) en cuanto entra dentro de la naturaleza de dicho plus, que se satisfaga de a de manera proporcional, pues el deterioro de una prenda de vestir está forzosamente conectado al tiempo que se utiliza».

4. Asistencia

La STS, rec. 188/2016, de 10 de noviembre de 2017, ECLI:ES:TS:2017:4559, atendiendo a los antecedentes de la regulación del citado plus, así como a su naturaleza, entiende que el mismo no retribuye una mayor cantidad de trabajo, sino la asistencia al trabajo «(...) y su finalidad se cumple con la mera asistencia, con independencia de la jornada que realice el trabajador, que la concesión de dos días de libre disposición, cuya finalidad es facilitar a los trabajadores tiempo para gestiones personales, que los trabajadores a tiempo completo no pueden realizar durante el descanso semanal, mientras que los trabajadores a tiempo parcial no tienen esta limitación».

5. Distancia y transporte

Con carácter general podríamos establecer el derecho a percibir el plus de transporte en proporción a la ratio por los días trabajados.

La STS, rec. 1334/2016, de 22 de marzo de 2018, ECLI:ES:TS:2018:1452, valida el abono proporcional de los complementos de plus de distancia y transporte, y plus de mantenimiento de vestuario de los vigilantes de seguridad. Por su parte, la SAN, rec. 342/2014, de 20 de febrero de 2015, ECLI:ES:AN:2015:518, rechaza el argumento de que los trabajadores a tiempo parcial deberían recibir el plus de transporte en proporción a su jornada reducida, ya que este no es un salario y su objetivo es compensar los gastos de transporte y distancia relacionados con el trabajo. Por lo tanto, los trabajadores contratados a tiempo parcial tienen derecho a percibir el plus de transporte en la misma cuantía que los trabajadores a jornada completa, sin descuento o minoración alguna, siempre que empleen el mismo número de días de trabajo. Si se usan menos días de trabajo, el plus se aplica de acuerdo a la proporcionalidad de los días trabajados.

d) Prestaciones

Los contratos a tiempo parcial tienen sus propios requisitos contributivos. Esto puede llevar a un tratamiento promocional diferenciado a la hora de calcular los periodos de cotización exigidos, el plazo en que hay que reunirlos y las bases reguladoras de las prestaciones. En algunas situaciones, se pueden adoptar criterios de proporcionalidad en las prestaciones asistenciales para garantizar un mínimo de renta ante situaciones de necesidad. (STS de 5 de mayo de 2006, rec. 18/2005, ECLI:ES:TS:2006:3493).

La materialización del principio de proporcionalidad en la protección social de los trabajadores a tiempo parcial ha de manifestarse bien en la duración de las prestaciones, bien en la cuantía de la prestación, pero no en ambas. Dicho de otra forma, como viene insistiendo el TJUE (STJUE n.º 161/18, de 8 de mayo de 2019, ECLI:EU:C:2019:382), en materia de protección del trabajo a tiempo parcial no cabe la doble penalización o la doble aplicación de la proporcionalidad.

Con respecto a las novedades legislativas, **con efectos de 1 de octubre del 2023**, la jornada a tiempo parcial se computa como un día entero cotizado a efectos de acreditar los períodos de cotización necesarios para el reconocimiento de las prestaciones de jubilación, incapacidad permanente, muerte y supervivencia, incapacidad temporal, nacimiento y cuidado del menor de las personas trabajadoras a tiempo parcial.

e) Vacaciones

El derecho a 30 días naturales de vacaciones fijado por el art. 38 del ET es independiente de la duración de la jornada o la existencia de contrato a tiempo completo o parcial.

f) Permisos

La STS, rec. 103/2005, de 15 de septiembre de 2006, ECLI:ES:TS:2006:7555, declara el derecho de los trabajadores a tiempo parcial a disfrutar el permiso retribuido de 2 días de libre disposición a que se refiere el convenio colectivo en términos proporcionales a su jornada de trabajo en relación con la ordinaria. «(...) Parece lógico entender (...) que la finalidad de este beneficio es la de facilitar a los trabajadores, que tienen ocupado todos los días laborables con la jornada de trabajo, tiempo para gestiones personales que no puedan efectuarse durante el descanso semanal, con lo que ya se comprende la situación más favorable que a este respecto tienen los trabajadores a tiempo parcial que sólo trabajan los fines de semana».

> **CUESTIÓN**
>
> **Si el convenio colectivo no contiene criterios específicos en orden a distinguir cuales sean los beneficios a los que corresponde el reconocimiento pleno y en cuales procede un reconocimiento proporcional, ¿se aplica igual para las personas trabajadoras a tiempo parcial y a las que prestan servicios a jornada completa?**
>
> Que el convenio no especifique nada en orden a la extensión del disfrute y a la razón de ser del permiso, no significa que haya de aplicarse sin más el principio de igualdad en términos absolutos, porque, como señala la STS, rec. 103/2005, de 15 de Septiembre de 2006, ECLI:ES:TS:2006:7555, *«(...) ese silencio no ha impedido que se haya aplicado la regla de la proporcionalidad en cuanto a los salarios y a los otros derechos que por su naturaleza sean medibles, y no aplicarlo por el contrario a aquellos otros derechos (como la ayuda de escolaridad, minusválidos, seguro de vida y de accidentes etc.) que por su naturaleza indivisible se le reconocen en plena igualdad con los trabajadores a jornada completa».*

g) Formación profesional

Los convenios colectivos establecerán medidas para facilitar el acceso efectivo de los trabajadores a tiempo parcial a la formación profesional continua, a fin de favorecer su progresión y movilidad profesional [arts. 12.4 f), 23.1.b) del ET].

2.
CONTRATOS A TIEMPO PARCIAL Y SU ENTORNO

El contrato a tiempo parcial podrá concertarse por tiempo indefinido o por duración determinada y siempre por escrito. Existe obligación de comunicación al Servicio Público de Empleo, al trabajador y a los representantes legales de los trabajadores (art. 12 del Estatuto de los Trabajadores).

2.1. Duración del contrato a tiempo parcial

El contrato a tiempo parcial podrá concertarse por tiempo indefinido o por duración determinada en los supuestos en los que legalmente se permita la utilización de esta modalidad de contratación (art. 12.2 del ET).

La reforma laboral 2021-2022 ha supuesto dos modificaciones importantes sobre esta modalidad contractual a efectos de su duración y posible formalización **con efectos de 30/03/2022**:

– El nuevo art. 12.2 del ET elimina la restricción en la contratación a tiempo parcial en los contratos para la formación y el aprendizaje, lo que supone que la nueva modalidad que los sustituye [contrato de formación en alternancia con el trabajo (formación dual) tras la reforma laboral 2022] puede concertarse a tiempo parcial.

– El nuevo art. 16.1 del ET incluye dentro de la modalidad de contrato fijo discontinuo los trabajos de prestación intermitente que tengan periodos de ejecución ciertos, determinados o indeterminados (que dejan, por tanto, de estar sujetos a la regulación del contrato a tiempo parcial). Los contratos para cubrir trabajos realizados, de carácter estacional o vinculados a actividades productivas de temporada, o para el desarrollo de aquellos que no tengan dicha naturaleza pero que, siendo de prestación intermitente, tengan periodos de ejecución ciertos, determinados o indeterminados pasan a ser de carácter fijo discontinuo, dejando de estar sujetos a la regulación del contrato a tiempo parcial.

> **A TENER EN CUENTA.** Un contrato temporal a tiempo parcial podrá renovarse siempre que se cumplan las condiciones establecidas para la modalidad a la que se asocie.

2.2. Formalización del contrato a tiempo parcial

Las reglas por las que se rige el contrato a tiempo parcial son las siguientes:

- Ha de darse **por escrito** (art. 8.2 del ET) y en el mismo deberán figurar el **número de horas ordinarias de trabajo al día, a la semana, al mes o al año contratadas, así como el modo de su distribución según lo previsto en convenio colectivo**. En el caso de no cumplir con estas exigencias, se presumirá celebrado a jornada completa, salvo prueba en contrario que justifique el carácter parcial de los servicios.

- Cuando el contrato a tiempo parcial conlleve la ejecución de una jornada diaria inferior a la de los trabajadores a tiempo completo y ésta se realice de forma partida, sólo será posible efectuar una única interrupción en dicha jornada diaria, salvo que se disponga otra cosa mediante convenio colectivo.

> **A TENER EN CUENTA.** La anterior redacción del art. 12.4 a) del ET establecía que en el contrato deberán figurar el número de horas ordinarias de trabajo al día, a la semana, al mes o al año contratadas, la distribución horaria y su concreción mensual, semanal y diaria, incluida la determinación de los días en los que el trabajador deberá prestar servicios. Con la nueva redacción como se aprecia se ha producido la desaparición de la mención expresa a que la jornada diaria en el trabajo a tiempo parcial podrá realizarse de forma continuada o partida, la referencia hecha en los supuestos de contratos a tiempo parcial con jornada diaria inferior a la de los trabajadores a tiempo completo, realizada de forma partida, a que solo será posible efectuar una única interrupción en dicha jornada diaria, salvo que se disponga otra cosa por convenio colectivo sectorial o de ámbito inferior, da paso a una referencia genérica al *«convenio colectivo»* sin mayor especificación.

- No está permitida la realización de **horas extraordinarias** por parte de los trabajadores a tiempo parcial (excepto horas extras para prevenir o reparar siniestros y otros daños extraordinarios).

- **La jornada de los trabajadores a tiempo parcial se registrará día a día y se totalizará mensualmente**, entregando copia al trabajador, junto con el recibo de salarios, del resumen de todas las horas realizadas en cada mes (tanto ordinarias como complementarias).

En base a la nueva redacción del art. 15.3 del ET, el contrato de duración determinada por sustitución de persona trabajadora (vigente desde el 30/03/2022) deberá celebrarse a jornada completa excepto en los dos supuestos siguientes:

- **Cuando el trabajador sustituido estuviera contratado a tiempo parcial o se trate de cubrir temporalmente un puesto de trabajo cuya cobertura definitiva se vaya a realizar a tiempo parcial.**

– Cuando el contrato se realice para **completar la jornada reducida por otra persona trabajadora**, cuando dicha reducción se ampare en causas legalmente establecidas o reguladas en el convenio colectivo y se especifique en el contrato el nombre de la persona sustituida y la causa de la sustitución.

CUESTIÓN

¿Existen limitaciones a la contratación de los trabajadores a tiempo parcial?

No existen límites porcentuales para la contratación de trabajadores bajo la modalidad de tiempo parcial. Esto significa que no hay un número mínimo ni máximo de trabajadores ni tampoco un tope temporal para la contratación de tiempo parcial. Puede asociarse a contratos por tiempo determinado o indeterminados.

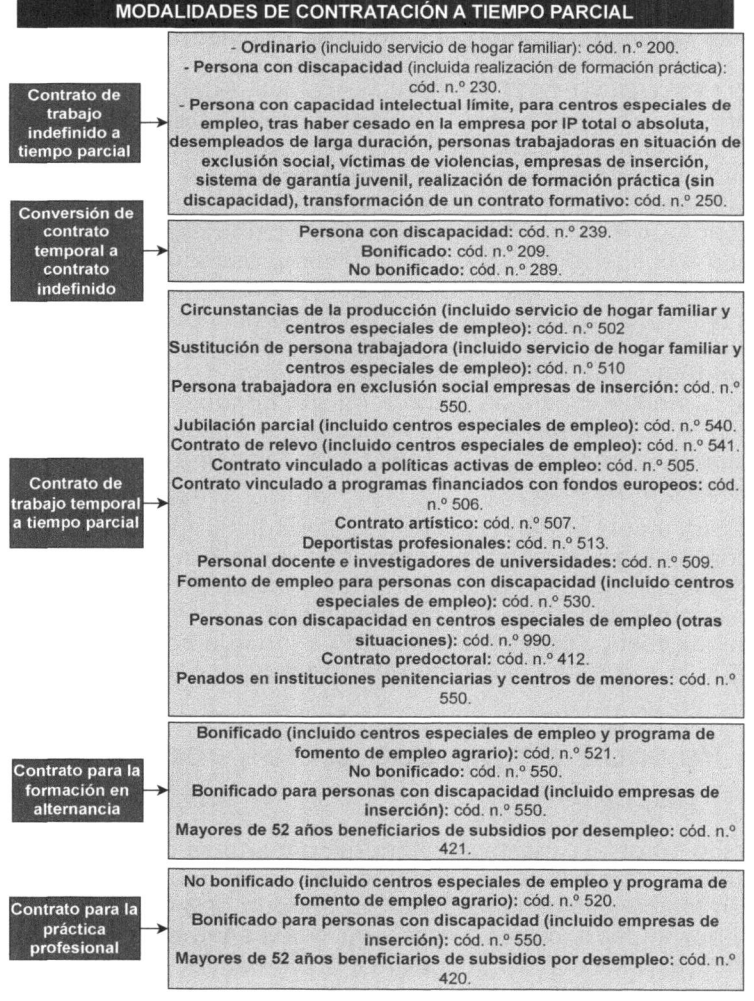

MODALIDADES DE CONTRATACIÓN A TIEMPO PARCIAL	
Contrato de trabajo indefinido a tiempo parcial	- **Ordinario** (incluido servicio de hogar familiar): cód. n.º 200. - **Persona con discapacidad** (incluida realización de formación práctica): cód. n.º 230. - **Persona con capacidad intelectual límite, para centros especiales de empleo, tras haber cesado en la empresa por IP total o absoluta, desempleados de larga duración, personas trabajadoras en situación de exclusión social, víctimas de violencias, empresas de inserción, sistema de garantía juvenil, realización de formación práctica (sin discapacidad), transformación de un contrato formativo:** cód. n.º 250.
Conversión de contrato temporal a contrato indefinido	**Persona con discapacidad:** cód. n.º 239. **Bonificado:** cód. n.º 209. **No bonificado:** cód. n.º 289.
Contrato de trabajo temporal a tiempo parcial	**Circunstancias de la producción (incluido servicio de hogar familiar y centros especiales de empleo):** cód. n.º 502 **Sustitución de persona trabajadora (incluido servicio de hogar familiar y centros especiales de empleo):** cód. n.º 510 **Persona trabajadora en exclusión social empresas de inserción:** cód. n.º 550. **Jubilación parcial (incluido centros especiales de empleo):** cód. n.º 540. **Contrato de relevo (incluido centros especiales de empleo):** cód. n.º 541. **Contrato vinculado a políticas activas de empleo:** cód. n.º 505. **Contrato vinculado a programas financiados con fondos europeos:** cód. n.º 506. **Contrato artístico:** cód. n.º 507. **Deportistas profesionales:** cód. n.º 513. **Personal docente e investigadores de universidades:** cód. n.º 509. **Fomento de empleo para personas con discapacidad (incluido centros especiales de empleo):** cód. n.º 530. **Personas con discapacidad en centros especiales de empleo (otras situaciones):** cód. n.º 990. **Contrato predoctoral:** cód. n.º 412. **Penados en instituciones penitenciarias y centros de menores:** cód. n.º 550.
Contrato para la formación en alternancia	**Bonificado (incluido centros especiales de empleo y programa de fomento de empleo agrario):** cód. n.º 521. **No bonificado:** cód. n.º 550. **Bonificado para personas con discapacidad (incluido empresas de inserción):** cód. n.º 550. **Mayores de 52 años beneficiarios de subsidios por desempleo:** cód. n.º 421.
Contrato para la práctica profesional	**No bonificado (incluido centros especiales de empleo y programa de fomento de empleo agrario):** cód. n.º 520. **Bonificado para personas con discapacidad (incluido empresas de inserción):** cód. n.º 550. **Mayores de 52 años beneficiarios de subsidios por desempleo:** cód. n.º 420.

2.2.1. Determinaciones específicas cuyo incumplimiento da lugar la presunción de existencia de contrato a tiempo completo

Atendiendo al art. 12 del ET, el contrato a tiempo parcial se encuentra sometido a ciertas determinaciones específicas cuyo incumplimiento da lugar a la presunción de existencia de contrato a tiempo completo (STSJ de la Comunidad Valenciana n.º 2307/2022, de 29 de junio de 2022, ECLI:ES:TSJCV:2022:4917):

1. **En el contrato debe figurar el número de horas ordinarias de trabajo al día, a la semana, al mes o al año contratadas, así como el modo de su distribución según lo previsto en convenio colectivo.** Previsión que supone no solo la mera determinación de un porcentaje sobre la jornada laboral ordinaria sino su distribución en el tiempo de trabajo, tal y como ha venido a reconocer la doctrina de la STSJ de Cataluña, rec. 4782/2017, de 9 octubre 2017, ECLI:ES:TSJCAT:2017:9088, puesto que la exigencia de una condición de trabajo tan relevante como es la distribución horaria y la necesaria certidumbre por parte del trabajador sobre el conocimiento previo de la distribución determinada del tiempo de trabajo convenido, se impone necesariamente, debiendo exigirse un acuerdo o manifestación de voluntad expresa que contenga un mínimo criterio de la distribución de la jornada so pena de quedar ello a la libre discrecionalidad del empresario dejándose en tal caso la determinación precisa de la jornada a la voluntad unilateral del mismo, por lo que la expresión de la norma a la concreta distribución del tiempo en el que se estructura dicha jornada sí parece requerirse y ello con la finalidad de que se conozca por el empleado que días concretos y horas debe acudir a su trabajo, y la inobservancia de dicho requisito conduce inexorablemente a la presunción —*iuris tantum*— de que el contrato a tiempo parcial se ha celebrado a tiempo completo [art. 8.2 del ET en relación con el mismo art. 12.4 a) del mismo cuerpo legal].

2. Necesidad del control de las horas realizadas y su totalización mensualmente, con entrega de copia al trabajador, junto con el recibo de salarios, del resumen de todas las horas realizadas en cada mes, tanto las ordinarias como las complementarias. Los incumplimiento de esta obligación a su vez determina la presunción como celebrado a jornada completa, salvo prueba en contrario que acredite el carácter parcial de los servicios.

2.2.2. Periodo de prueba en los contratos a tiempo parcial

El artículo 14 del ET establece: «Podrá concertarse por escrito un periodo de prueba, con sujeción a los límites de duración que, en su caso, se establezcan en los convenios colectivos». El periodo de prueba tiene una doble finalidad, por un lado, como garantía del trabajador, que podrá conocer las condiciones laborales en las que se va a desarrollar su actividad profesional, y por otro lado, como garantía del empresario, que podrá comprobar si el trabajador está realmente capacitado para desempeñar el trabajo para el que ha sido contratado.

Para los contratos concertados a tiempo parcial el periodo de prueba no difiere de la regulación general.

2.3. Comunicación

2.3.1. Comunicación al Servicio Público de Empleo

Los empresarios se encuentran obligados a comunicar a la oficina pública de empleo en el plazo de los diez días siguientes a su concertación el contenido de los contratos de trabajo que celebren o las prórrogas de los mismos, deban o no formalizarse por escrito (art. 8 del ET y Real Decreto 1424/2002, de 27 de diciembre).

La aplicación *Contrat@* contempla diferentes opciones en la hora de comunicar la contratación. El anexo I de la Orden TAS/770/2003, de 14 de marzo, contiene una relación de datos obligatorios a comunicar a los servicios públicos de empleo en caso de trabajo a tiempo parcial.

2.3.2. Información al trabajador

Cuando la relación laboral sea de duración superior a cuatro semanas, el empresario deberá informar por escrito al trabajador, en los términos y plazos que se establezcan reglamentariamente, sobre los elementos esenciales del contrato y las principales condiciones de ejecución de la prestación laboral, siempre que tales elementos y condiciones no figuren en el contrato de trabajo formalizado por escrito (art. 8.5 del ET).

Como analizaremos a lo largo de la obra, este colectivo tiene peculiaridades informativas en relación con el **registro de jornada**. La jornada de los trabajadores a tiempo parcial **se registrará día a día y se totalizará mensualmente, entregando copia al trabajador, junto con el recibo de salarios, del resumen de todas las horas realizadas en cada mes**, tanto las ordinarias como las complementarias.

El empresario tiene la obligación de **conservar** los resúmenes mensuales de los registros de jornada durante un periodo mínimo de **cuatro años**.

En el caso de incumplir estas obligaciones de registro, se presumirá que el contrato fue celebrado a jornada completa, salvo prueba en contrario que justifique el carácter parcial de los servicios.

2.3.3. Información a los representantes legales de los trabajadores

La obligación empresarial de entregar a los representantes de los trabajadores (comités de empresa, delegados de personal o delegados sindicales) una copia básica de los contratos que deban celebrarse por escrito, ya ha sido recogida en otros apartados, no obstante, cabe destacar [art. 8.3. a) del ET y art. 10.3.1 de la LOLS]:

- La copia básica ha de contener todos los datos del contrato a excepción del documento nacional de identidad o del número de identidad de extranjero, el domicilio, el estado civil y cualquier otro que afecte a la intimidad personal (Ley Orgánica 1/1982, de 5 de mayo). No pudiendo incluir datos distintos de los que figuran en el contrato original (STS, rec. 2714/1997, de 24 de marzo de 1998, ECLI:ES:TS:1998:1957).

- El plazo máximo para la entrega de la copia básica del contrato a los representantes de los trabajadores será de 10 días desde la formalización del mismo.

- Cuando no existiera representación legal de los trabajadores también deberá formalizarse una copia básica y remitirse a la Oficina Pública de Empleo, haciendo constar que no existe representación legal en la empresa.

- El incumplimiento empresarial de esta obligación de información constituirá una infracción laboral grave, sancionable administrativamente (art. 7.7 de la LISOS).

- La legislación exige únicamente la entrega de la copia básica del contrato y no la de sus modificaciones.

RESOLUCIÓN RELEVANTE

STSJ de Castilla y León, rec. 272/2019, 24 de mayo de 2019, ECLI: ES:TSJCL:2019:224

La omisión de registro genera la presunción de existencia de jornada a tiempo completo. La Sala de lo Social entiende una injustificada falta de aportación del registro de jornada, o lo que es lo mismo «*la ausencia de acreditación de su existencia*», como un claro indicio de incumplimiento de las obligaciones que en esta materia corresponde a la empresa, por lo que no puede hacerse recaer sobre la trabajadora la carga de acreditar la realización de una jornada a tiempo completo.

La omisión de registro genera la presunción de existencia de jornada a tiempo completo, es decir, siguiendo las reglas de distribución de la carga de la prueba, será la empresa a la que corresponde acreditar una jornada a tiempo parcial y no a la persona trabajadora demostrar que su jornada es a tiempo completo. Lo contrario, asevera la sentencia, «*iría en contra de la vinculación que la norma transcrita establece [artículo 12.4.c) del ET] y del efecto presuntivo contemplado en el artículo 385.1 de la LECiv, según el cual "las presunciones que la ley establece dispensan de la prueba del hecho presunto a la parte a la que este hecho favorezca". Supondría, además, desconocer los efectos propios del criterio de disponibilidad y facilidad probatoria contemplado en el artículo 217.7 de la LECiv, conforme al cual corresponde a la empresa la llevanza de los registros de jornada acreditativos de la realizada y quien puede y debe aportarlos, de serle requeridos, como así ocurrió en este caso*».

2.4. Tipos de contratos de trabajo a tiempo parcial

Analizamos las peculiaridades de las distintas modalidades contractuales que se pueden formalizar a tiempo parcial.

2.4.1. Contratación mediante un contrato indefinido a tiempo parcial

Dentro del contrato indefinido a tiempo parcial distinguimos entre indefinido ordinario y fijo discontinuo.

a) Contrato indefinido a tiempo parcial

El contrato indefinido a tiempo parcial ordinario no tiene ningún tipo de características fuera de las especificaciones de obligado cumplimiento para la contratación parcial.

b) Contrato indefinido a tiempo parcial fijo discontinuo

El contrato por tiempo indefinido fijo-discontinuo se concertará para:

– Trabajos de naturaleza estacional.

– Trabajos vinculados a actividades productivas de temporada.

– El desarrollo de aquellos que no tengan naturaleza estacional o de temporada pero que, siendo de prestación intermitente, tengan periodos de ejecución ciertos, determinados o indeterminados.

– Prestación de servicios en el marco de ejecución de contratas mercantiles o administrativas que, siendo previsibles, formen parte de la actividad ordinaria de la empresa.

– Entre una empresa de trabajo temporal y una persona contratada para ser cedida (art. 10.3 de la Ley 14/1994, de 1 de junio).

El contrato de trabajo fijo-discontinuo se deberá formalizar necesariamente por escrito (art. 8.2 del ET) y deberá reflejar los elementos esenciales de la actividad laboral, entre otros, la duración del periodo de actividad, la jornada y su distribución horaria, si bien estos últimos podrán figurar con carácter estimado, sin perjuicio de su concreción en el momento del llamamiento.

La modificación del artículo 16 del ET, con vigencia desde el 30 de marzo de 2022, supone que los trabajos discontinuos que se repitan en fechas ciertas no tendrán, a partir de la fecha indicada, la consideración de contratos a tiempo parcial celebrados por tiempo indefinido, sino que tendrán la consideración de contratos fijos-discontinuos (BNR 1/2022). No obstante, **los convenios citados podrán acordar, cuando las peculiaridades de la actividad del sector así lo justifiquen, la celebración a tiempo parcial de los contratos fijos-discontinuos,** y la obligación de las empresas de elaborar un censo anual del personal fijo-discontinuo.

Cumple advertir que dicha norma genera **importantes dudas interpretativas.** A raíz de la última modificación legislativa:

Atendiendo al **art. 16.2 del ET**

> «El contrato de trabajo fijo-discontinuo, conforme a lo dispuesto en el artículo 8.2, se deberá formalizar necesariamente por escrito y deberá reflejar los elementos esenciales de la actividad laboral, **entre otros, la duración del periodo de actividad, la jornada y su distribución horaria,** si

29

bien estos últimos podrán figurar con carácter estimado, sin perjuicio de su concreción en el momento del llamamiento».

Nada limita la posibilidad de realización de esta modalidad a tiempo parcial. Del mismo modo, no se concreta que la jornada tenga que ser «completa».

Atendiendo al **art. 16.5 del ET**

«5. Los convenios colectivos de ámbito sectorial podrán establecer una bolsa sectorial de empleo en la que se podrán integrar las personas fijas-discontinuas durante los periodos de inactividad, con el objetivo de favorecer su contratación y su formación continua durante estos, todo ello sin perjuicio de las obligaciones en materia de contratación y llamamiento efectivo de cada una de las empresas en los términos previstos en este artículo.

Estos mismos convenios podrán acordar, cuando las peculiaridades de la actividad del sector así lo justifiquen, la celebración a tiempo parcial de los contratos fijos-discontinuos, y la obligación de las empresas de elaborar un censo anual del personal fijo-discontinuo.

Asimismo, podrán establecer un periodo mínimo de llamamiento anual y una cuantía por fin de llamamiento a satisfacer por las empresas a las personas trabajadoras, cuando este coincida con la terminación de la actividad y no se produzca, sin solución de continuidad, un nuevo llamamiento».

La nueva regulación, en este caso, parece limitar la posibilidad a que los convenios colectivos de ámbito sectorial lo permitan.

Boletín de Noticias Red (BNR) 1/2022

La modificación del artículo 16 del ET, con vigencia desde el 30 de marzo de 2022, supone que los trabajos discontinuos que se repitan en fechas ciertas no tendrán, a partir de la fecha indicada, la consideración de contratos a tiempo parcial celebrados por tiempo indefinido, sino que tendrán la consideración de contratos fijos-discontinuos.

A nuestro entender si el legislador hubiese intentado limitar la contratación exclusivamente a jornada completa en la modalidad de fijo discontinuo lo tenía que haber previsto expresamente. No obstante, **debemos tener en cuenta que el literal de la norma limita este tipo de contratación a su habilitación por convenio.** (Caso práctico: ¿se puede celebrar un contrato fijo discontinuo a tiempo parcial tras la reforma laboral 2021/2022?. Iberley. 30/05/2022).

CUESTIONES

1. ¿Cuáles son las diferencias entre un contrato fijo-discontinuo y un contrato indefinido a tiempo parcial?

Antes de la reforma laboral 2021-2022, el contrato fijo-discontinuo requería que el periodo de ejecución fuera incierto o indeterminado, si no se cumplía esto se tenía que utilizar un contrato indefinido a tiempo parcial. Luego de la reforma, el contrato fijo-discontinuo aun siendo intermitente, puede tener un periodo de ejecución cierto o determinado, por lo que para que la modalidad adecuada sea el contrato indefinido a tiempo parcial, la actividad no debe ser intermitente.

2.4.2. Contratación mediante un contrato de duración determinada a tiempo parcial

Las modalidades contractuales de duración determinada que conocíamos antes de la reforma laboral 2021-2022 (Real Decreto-ley 32/2021, de 28 de diciembre) se han transformado en los actuales contratos de trabajo de duración determinada por circunstancias de la producción o por sustitución de persona trabajadora. Ambas modalidades pueden concertarse a tiempo parcial.

a) Contrato temporal por circunstancias de la producción

Circunstancias de la producción		
Regulación	Art. 15.2 del ET.	
Causas de la temporalidad	1. Incremento ocasional e imprevisible de las circunstancias de la producción (art. 15.2.1.º del ET). 2. Oscilaciones, que aun tratándose de la actividad normal de la empresa, generan un desajuste temporal entre el empleo estable disponible y el que se requiere, siempre que no respondan a los supuestos en los que procedería un contrato por tiempo indefinido fijo-discontinuo (art. 15.2.1.º del ET). 3. Para atender situaciones ocasionales, previsibles y que tengan una duración reducida y delimitada en el tiempo (art. 15.2.4.º del ET). 4. La cobertura de puestos de trabajo durante los periodos vacacionales de la plantilla (art. 15.2.2.º del ET).	
Formalización	Será necesario que se especifiquen con precisión en el contrato la causa habilitante de la contratación temporal, las circunstancias concretas que la justifican y su conexión con la duración prevista.	
Limitaciones	No puede responder a situaciones de trabajo fijo-discontinuo definidas en el art. 16.1 del ET. No podrá identificarse como causa de este contrato la realización de los trabajos en el marco de contratas, subcontratas o concesiones administrativas que constituyan la actividad habitual u ordinaria de la empresa.	
Duración y posible prórroga	Contrato por circunstancias de la producción imprevisibles. - Duración con carácter general: 6 meses (ampliable a un año por convenio colectivo).	Posible prórroga: en caso de que el contrato se hubiera concertado por una duración inferior a la máxima legal o convencionalmente establecida, por una única vez, sin que la duración total del contrato pueda exceder de dicha duración máxima.
	Contrato por circunstancias de la producción previsibles y que tengan una duración reducida y delimitada. - Duración con carácter general: un máximo de 90 días (intermitentes) en el año natural.	Posible prórroga: los 90 días no podrán utilizarse de manera continuada.

Información a la RLT	En el último trimestre de cada año, deberán trasladar a la representación legal de las personas trabajadoras una previsión anual de uso de estos contratos.
Expiración del tiempo convenido e indemnización	A la finalización del contrato la persona trabajadora tendrá derecho a recibir una indemnización de cuantía equivalente a la parte proporcional de la cantidad que resultaría de abonar doce días de salario por cada año de servicio, o la establecida, en su caso, en la normativa específica que sea de aplicación.

El contrato temporal es aquel que se celebra entre empresario y trabajador por un tiempo determinado, a jornada completa o parcial.

b) Contrato temporal para sustitución de persona trabajadora

Sustitución de persona trabajadora		
Regulación	Art. 15.3 del ET.	
Causa	– La sustitución de una persona trabajadora con derecho a reserva de puesto de trabajo, siempre que se especifique en el contrato el nombre de la persona sustituida y la causa de la sustitución (sustituye al derogado contrato de interinidad). – Para completar la jornada reducida por otra persona trabajadora, cuando dicha reducción se ampare en causas legalmente establecidas o reguladas en el convenio colectivo y se especifique en el contrato el nombre de la persona sustituida y la causa de la sustitución. – Para la cobertura temporal de un puesto de trabajo durante el proceso de selección o promoción para su cobertura definitiva mediante contrato fijo.	
Formalización	Ha de especificarse «siempre» en el contrato el nombre de la persona sustituida y la causa de la sustitución.	
Limitaciones	La reducción de jornada ha de ampararse en causas legalmente establecidas o reguladas en el convenio colectivo.	
Duración y posible prórroga	Duración sustitución de una persona trabajadora con derecho a reserva de puesto de trabajo:	Durante la ausencia.
	Para completar la jornada reducida por otra persona trabajadora:	Durante la reducción de jornada de la persona trabajadora.
	Cobertura temporal de un puesto de trabajo durante el proceso de selección o promoción para su cobertura definitiva mediante contrato fijo:	Duración máxima de tres meses (o el plazo inferior recogido en convenio colectivo). Superada la duración máxima no puede celebrarse un nuevo contrato con el mismo objeto.

Contratación previa a la sustitución	La prestación de servicios podrá iniciarse antes de que se produzca la ausencia de la persona sustituida, coincidiendo en el desarrollo de las funciones el tiempo imprescindible para garantizar el desempeño adecuado del puesto y, como máximo, durante quince días.
Expiración del tiempo convenido e indemnización	A la finalización del contrato la persona trabajadora NO tendrá derecho a recibir una indemnización según la letra c) del artículo 49.1 del ET.
Cotización	El incremento en la cuota empresarial en los contratos de duración determinada inferiores a 30 días no se aplicará a los contratos de sustitución.
	Se aplican los incentivos a la contratación establecidos por el Real Decreto-ley 1/2023, de 10 de enero:
	— Contratos de duración determinada que se celebren con personas jóvenes desempleadas para sustitución de personas trabajadoras en determinados supuestos (art. 17).
	— Bonificaciones en la cotización de las personas trabajadoras sustituidas durante las situaciones de nacimiento y cuidado del menor o la menor, ejercicio corresponsable en el cuidado del menor o de la menor lactante, riesgo durante el embarazo y riesgo durante la lactancia natural (art. 18).
	— Supuestos de cambio de puesto de trabajo por riesgo durante el embarazo o durante la lactancia natural, así como supuestos de enfermedad profesional (art. 19).

Por lo general, la jornada de trabajo será a tiempo completo. No obstante, si la persona trabajadora sustituida contaba con un contrato a tiempo parcial, podrá formalizarse sin ningún problema de este modo. Del mismo modo (art. 15.3 del ET):

- Podrán celebrarse contratos de duración determinada para la sustitución de una persona trabajadora con derecho a reserva de puesto de trabajo, siempre que se especifique en el contrato el nombre de la persona sustituida y la causa de la sustitución. En tal supuesto, la prestación de servicios podrá iniciarse antes de que se produzca la ausencia de la persona sustituida, coincidiendo en el desarrollo de las funciones el tiempo imprescindible para garantizar el desempeño adecuado del puesto y, como máximo, durante quince días.

- Asimismo, el contrato de sustitución podrá concertarse para completar la jornada reducida por otra persona trabajadora, cuando dicha reducción se ampare en causas legalmente establecidas o reguladas en el convenio colectivo y se especifique en el contrato el nombre de la persona sustituida y la causa de la sustitución.

- El contrato de sustitución podrá ser también celebrado para la cobertura temporal de un puesto de trabajo durante el proceso de selección o promoción para su cobertura definitiva mediante contrato fijo, sin que su duración pueda ser en este caso superior a tres meses, o el plazo inferior recogido en convenio colectivo, ni pueda celebrarse un nuevo contrato con el mismo objeto una vez superada dicha duración máxima.

2.4.3. Contrato de relevo

Este tipo de contrato se **celebra** con un trabajador en situación de desempleo o que tuviese concertado con la empresa un contrato de duración determinada, para sustituir al trabajador de la empresa que accede a la jubilación parcial.

Se celebrará simultáneamente con el contrato a tiempo parcial que se pacte con este último.

Para que el trabajador pueda acceder a la jubilación parcial, deberá acordar con su empresa una reducción de jornada y de salario de entre un mínimo del veinticinco por ciento y un máximo del cincuenta por ciento y la empresa deberá concertar simultáneamente un contrato de relevo, de acuerdo con lo establecido en el art. 12.7 del Estatuto de los Trabajadores, con objeto de sustituir la jornada de trabajo dejada vacante por el trabajador que se jubila parcialmente. También se podrá concertar el contrato de relevo para sustituir a los trabajadores que se jubilen parcialmente después de haber cumplido la edad de jubilación ordinaria que corresponda conforme a lo establecido en el texto refundido de la Ley General de la Seguridad Social.

De relevo (art. 12.6 del ET)	Objeto	Se celebrará para la sustitución de un trabajador de la empresa que accede a la pensión de jubilación de forma parcial.
	Duración	Como mínimo igual a la del tiempo que falte al trabajador sustituido para alcanzar la edad prevista en cada momento para la jubilación.
	Preaviso de extinción	Debemos entender aplicable lo establecido en el art. 49.1.c) ET en relación a la exigencia de denuncia extintiva o pacto de prórroga expresa, si ésta es posible, y a la necesidad de preaviso en los contratos de duración superior a un año.
	Transformación en indefinido	Por falta de forma escrita.
		Si al cumplir dicha edad, el trabajador jubilado parcialmente continuase en la empresa, el contrato de relevo que se hubiera celebrado por duración determinada podrá prorrogarse mediante acuerdo de las partes por períodos anuales, extinguiéndose, en todo caso, al finalizar el período correspondiente al año en el que se produzca la jubilación total del trabajador relevado.
		Si llegado el término no se hubiera producido denuncia de alguna de las partes y se continuara realizando la prestación laboral.
		Los celebrados en fraude de ley.

De relevo (art. 12.6 del ET)	Bonificaciones	Desde el 01/09/2023, la transformación en indefinidos de contratos de relevo, cualquiera que sea la fecha de su celebración, dará derecho a una bonificación en la cotización de 55 euros/mes durante los tres años siguientes. En el caso de mujeres, dicha bonificación será de 73 euros/mes (arts. 10 y 24 del Real Decreto-ley 1/2023, de 10 de enero).
	Jornada	El contrato de relevo podrá celebrarse a jornada completa o a tiempo parcial. La duración de la jornada deberá ser, como mínimo, igual a la reducción de la jornada acordada por el trabajador sustituido. (STS n.º 424/2018, de 20 de abril de 2018, ECLI:ES:TS:2018:1788).
	Formalización	Por escrito en modelo oficial.
		Especificación del nombre, la edad y las circunstancias profesionales del trabajador sustituido.
	Extinción e indemnización	El contrato se extinguirá al cumplir el trabajador sustituido la edad para jubilarse.
		Si durante la vigencia del contrato de relevo se produjera el cese del trabajador, el empresario deberá sustituirlo, en el plazo de 15 días naturales, por otro trabajador desempleado o que tuviese concertado con la empresa un contrato de duración determinada.
		Si el trabajador que comparte su trabajo con el titular del contrato de relevo fuera despedido improcedentemente antes de cumplir la edad de jubilación y no se procediera a su readmisión, la empresa deberá sustituirlo por otro trabajador desempleado o ampliar la duración de la jornada del trabajador con contrato de relevo.
		De conformidad con el artículo 12.7 del ET, la citada extinción de la relación laboral ha de ser indemnizada con el importe de doce días de salario por año de servicio siguiendo el art. 49.1 c) del ET. (STS n.º 337/2019, de 7 de mayo de 2019, ECLI:ES:TS:2019:1623).
	Normativa	— Art. 12 del Real Decreto Legislativo 2/2015, de 23 de octubre, por el que se aprueba el texto refundido de la Ley del Estatuto de los Trabajadores.
		— Art. 215 del Real Decreto Legislativo 8/2015, de 30 de octubre, por el que se aprueba el texto refundido de la Ley General de la Seguridad Social.
		— Art. 9-18 del Real Decreto 1131/2002, de 31 de octubre, por el que se regula la Seguridad Social de los trabajadores contratados a tiempo parcial, así como la jubilación parcial.

El contrato de relevo podrá celebrarse a jornada completa o a tiempo parcial. En concreto los reiterados arts. 12 del ET y 215 de la LGSS establecen, para que un trabajador pueda acceder a la situación legal de la jubilación parcial, el deber de acordar con su empresa una reducción de jornada y de salario de entre un mínimo del 25 y un máximo del 50 por 100 y la empresa debe formalizar simultáneamente un contrato de relevo con objeto de sustituir la jornada de trabajo dejada vacante por el trabajador que se jubila parcialmente.

La reducción de jornada y de salario podrá alcanzar el 75 por 100 cuando el contrato de relevo se concierte a jornada completa y con duración indefinida, siempre que el trabajador cumpla los requisitos del art 215.2.c) de la LGSS.

Por si eso no fuese suficiente, la D.T. 4.ª.6 de la LGSS, también exige ciertos porcentajes para el acceso a la jubilación parcial en los casos que desarrolla.

Sobre la duración de la jornada, por tanto, nos encontramos distintos porcentajes de aplicación en función de la necesidad (o no) de contrato de relevo y el tipo de jubilación parcial:

- **En caso de acceso a la jubilación parcial sin necesidad de contrato de relevo**, para acceder a la jubilación parcial será necesario reducir la jornada un **mínimo de un 25 por 100 y un máximo del 50 por 100** (art. 215.1 de la LGSS).

- **En caso de acceso a la jubilación parcial con carácter simultáneo se celebre un contrato de relevo:**

  - **Un mínimo de un 25 por 100 y un máximo del 75 por 100,** para los supuestos en que el trabajador relevista sea contratado a jornada completa mediante un contrato de duración indefinida [siempre que el trabajador cumpla los requisitos establecidos en el art. 215.2.c) del LGSS].

  - **Un mínimo de un 25 por 100 y un máximo del 67 por 100,** en los supuestos en que resulte de aplicación la D.T. 4.ª.6 de la LGSS (industria manufacturera). Pudiendo alcanzar un 80 por 100 para los supuestos en que el trabajador relevista sea contratado a jornada completa mediante un contrato de duración indefinida.

> **A TENER EN CUENTA.** Los porcentajes se entenderán referidos a la jornada de un trabajador a tiempo completo comparable [art. 215.2.c) de la LGSS y art. 12.7 del ET].

El **puesto de trabajo** del trabajador relevista podrá ser el mismo del trabajador sustituido, en todo caso, deberá existir una correspondencia entre las bases de cotización de ambos, en los términos previstos en el art. 215.2 e) de la LGSS a los que ya hemos realizado múltiples referencias.

El **horario de trabajo** del trabajador relevista podrá completar el del trabajador sustituido o simultanearse con él.

Principales características de la jubilación parcial con contrato de relevo

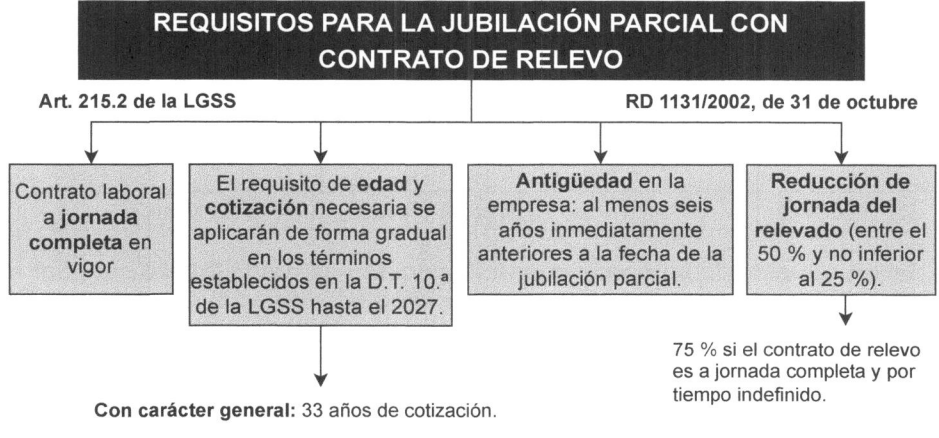

REQUISITOS PARA LA JUBILACIÓN PARCIAL CON CONTRATO DE RELEVO

Art. 215.2 de la LGSS

RD 1131/2002, de 31 de octubre

| Contrato laboral a **jornada completa** en vigor | El requisito de **edad y cotización** necesaria se aplicarán de forma gradual en los términos establecidos en la D.T. 10.ª de la LGSS hasta el 2027. | **Antigüedad** en la empresa: al menos seis años inmediatamente anteriores a la fecha de la jubilación parcial. | **Reducción de jornada del relevado** (entre el 50 % y no inferior al 25 %). |

75 % si el contrato de relevo es a jornada completa y por tiempo indefinido.

Con carácter general: 33 años de cotización.

Personas con discapacidad igual o superior al 33 %: 25 años de cotización.

Para el año 2024:
- 62 años y 6 meses: 36 años o más cotizados.
- 64 años: 33 años cotizados.

Debe existir una **correspondencia entre las bases de cotización** del trabajador relevista y del jubilado parcial.

DURACIÓN MÍNIMA: el tiempo que le falte al trabajador relevado para alcanzar la edad de jubilación [art. 205.1 a) de la LGSS].

Los principales extremos respecto a la persona trabajadora que pasa a jubilación parcial y el contrato concertado son (Jubilación parcial y contrato de relevo. Paso a paso. Colex. Año 2023):

a) Los trabajadores a **tiempo completo** podrán acceder a la jubilación parcial cuando reúnan los siguientes **requisitos**:

1. **Edad y acreditación de cotización previa.** La norma hace referencia a la necesidad de tener cumplida la edad ordinaria de acceso a la pensión de jubilación y de un periodo de cotización previo de treinta y tres años en la fecha del hecho causante de la jubilación parcial. No obstante, esta exigencia del requisito de edad y cotización necesaria [art. 215.2. a) y d) de la LGSS] se aplicará de forma gradual en los términos establecidos en la D.T. 10.ª de la LGSS:

Año del hecho causante	Edad exigida según períodos cotizados en el momento del hecho causante		Edad exigida con 33 años cotizados en el momento del hecho causante
2023	62 años y 4 meses.	35 años y 9 meses o más.	63 años y 8 meses.
2024	62 años y 6 meses.	36 años o más.	64 años.
2025	62 años y 8 meses.	36 años y 3 meses o más.	64 y 4 meses.
2026	62 años y 10 meses.	36 años y 3 meses o más.	64 y 8 meses.
2027 en adelante	63 años.	36 años y 6 meses.	65 años.

En el supuesto de **personas con discapacidad** en grado igual o superior al 33 por ciento, el período de cotización exigido será de veinticinco años (STS n.º 115/2020, de 6 de febrero de 2020, ECLI:ES:TS:2020:338).

Para acreditar el período de cotización exigido en la fecha del hecho causante de la jubilación parcial se computará el período de prestación del servicio militar obligatorio, de prestación social sustitutoria, o del servicio social femenino obligatorio (con efectos de 26 de noviembre de 2022), con el límite máximo de un año.

En este supuesto también computarán: los periodos de cotización asimilados por parto (art. 235 de la LGSS), los periodos de reducción de jornada asociados a guarda legal (art. 237 de la LGSS), los tres primeros años del período de reducción de jornada por cuidado de menor (primer párrafo, art. 37.6 de la LGSS), las cotizaciones realizadas durante los períodos en que se reduce la jornada en el último párrafo del apartado 4, así como en el tercer párrafo del art. 37.6 del Estatuto de los Trabajadores, el período de suspensión con reserva del puesto de trabajo, contemplado en el art. 48.8 del ET para supuestos de violencia de género o violencia sexual (art. 165.5 de la LGSS) o la cotización por jubilación durante la percepción del subsidio por desempleo para trabajadores mayores de cincuenta y dos años.

2. **Antigüedad en la empresa.** Acreditar un período de antigüedad en la empresa de, al menos, seis años inmediatamente anteriores a la fecha de la jubilación parcial [a tal efecto se computará la antigüedad acreditada en la empresa anterior si ha mediado una sucesión de empresa (art. 44 del ET), o en empresas pertenecientes al mismo grupo].

3. **Porcentaje de reducción de la jornada del trabajador relevado.** La reducción de su jornada de trabajo (respecto a una persona trabajadora a tiempo completo comparable) debe comprenderse entre un mínimo de un 25 por ciento y un máximo del 50 por ciento, o del 75 por ciento para los supuestos en que el trabajador relevista sea contratado a jornada completa mediante un contrato de duración indefinida, siempre que se acrediten el resto de los requisitos.

4. **Base de cotización.** Que exista una correspondencia entre las bases de cotización del trabajador relevista y del jubilado parcial, de modo que la

correspondiente al trabajador relevista no podrá ser inferior al 65 por ciento del promedio de las bases de cotización correspondientes a los seis últimos meses del período de base reguladora de la pensión de jubilación parcial.

5. Duración del contrato de relevo ligada a la jubilación y obligaciones en la sustitución del trabajador relevista. Los contratos de relevo que se establezcan como consecuencia de una jubilación parcial tendrán, como mínimo, una duración igual al tiempo que le falte al trabajador sustituido para alcanzar la edad de jubilación [art. 205.1 a) de la LGSS].

En los casos en que el contrato de relevo sea de carácter indefinido y a tiempo completo [art. 205.2. c) de la LGSS], deberá mantenerse al menos durante una duración igual al resultado de sumar dos años al tiempo que le falte al trabajador sustituido para alcanzar la edad de jubilación. En el supuesto de que el contrato se extinga antes de alcanzar la duración mínima indicada, el empresario estará obligado a celebrar un nuevo contrato en los mismos términos del extinguido, por el tiempo restante. En caso de incumplimiento por parte del empresario de esta obligación será responsable del reintegro de la pensión que haya percibido el pensionista a tiempo parcial.

JURISPRUDENCIA

STS n.° 113/2019, 13 de febrero de 2019, ECLI:ES:TS:2019:614

Se considera la existencia de fraude de ley en el contrato de relevo que sigue a dos contratos temporales anteriores, a pesar de darse cierta similitud de puestos de trabajo entre relevista y jubilado parcial, por no acreditar la correspondencia entre las bases de cotización de ambos trabajadores.

STS, rec. 3988/2010, de 23 de noviembre de 2011, ECLI:ES:TS:2011:9198

En un supuesto en el que el trabajo del relevista no era similar: «En definitiva, el legislador ha pretendido —y sobre esto no parece haber discusión— dos objetivos. Uno, coherente con la política de empleo, que la jubilación anticipada, aunque sea parcial, no se traduzca en la pérdida de puestos de trabajo: de ahí la exigencia de celebrar simultáneamente un contrato de relevo con al menos la misma duración que el tiempo que reste hasta la jubilación definitiva del relevado y con una jornada al menos igual al tiempo de reducción experimentada por la jornada de este. Y el segundo objetivo es que los ingresos de la Seguridad Social no se vean mermados. Para ello, exigió, en una primera versión de la norma, que los trabajos fueran iguales o similares lo que, implícitamente, suponía que tendrían parecidos salarios y, por ello, similares bases de cotización, que es lo realmente importante, desde este segundo punto de vista. Posteriormente, a raíz de la reforma introducida por la Ley 40/2007, abrió una doble vía para alcanzar la finalidad de la no merma en la recaudación: junto a la vía indirecta del trabajo igual o similar, la vía directa de la correspondencia de cotización, si bien parcial: de al menos el 65 por 100 y con esa redacción un tanto confusa acerca de los "requerimientos específicos" para obviar la igualdad o similitud de los trabajos y que quedaban a la espera de desarrollo reglamentario. Y, posterior y finalmente, la Ley 27/2011—que, aunque no aplicable a nuestro caso, clarifica el panorama interpretativo— prescinde de la vía indirecta y se queda solamente con la directa: elimina de la letra e) del artículo 166.2 de la LGSS toda referencia al trabajo igual o similar o bien a los "requerimientos específicos" que impidan esa igualdad o similitud —así como la referencia a un futuro reglamento sobre esa cuestión— y mantiene exclusivamente la exigencia de la correspondencia de las bases de cotización al menos en el 65 por 100».

> Razonamiento que se reitera en la STS rec. 1548/2011, de 24 de abril de 2012, ECLI:ES:TS:2012:3699, y la STS, rec. 4475/2011, de 5 de noviembre de 2012 ECLI:ES:TS:2012:7787, que se pronuncian sobre la cuestión en supuestos en los que el INSS había denegado la jubilación parcial por no ocupar los trabajadores relevista y relevado puestos de trabajo similares. La sala consideró que en estos casos bastaba la correspondencia entre las bases de cotización; lo que implica *a sensu contrario* que la correspondencia entre las bases de cotización se convierte en requisito principal para la regularidad del contrato de relevo, tal como se desprende de la doctrina jurisprudencial reseñada y, de manera específica, de la legislación aplicable.
>
> **STS, rec. 3797/2009, de 20 de mayo de 2010, ECLI:ES:TS:2010:3414**
>
> *«La cuestión que se plantea en el presente recurso de casación unificadora consiste en determinar si, —en interpretación la Disposición Adicional 2.ª del Real Decreto 1131/2002, regulador de la jubilación parcial y de la Seguridad Social de los trabajadores a tiempo parcial—, en el supuesto de cese del trabajador relevista en la empresa en la sigue prestando sus servicios el jubilado parcial, por haber sido traspasado aquel a una tercera empresa que se subroga en los derechos y obligaciones de la anterior, y tras tal cese no contratar la empresa originaria a otro trabajador relevista, puede o no el INSS acordar la devolución contra la empresa originaria del importe de la pensión jubilación correspondiente al tiempo de ausencia de relevista, y durante el que no se cotizó por él».*

Se declara la responsabilidad empresarial en caso de cese del trabajador relevista sin reemplazarlo, «partiendo de que dicha norma (D.A 2.ª.4 del RD 1131/2002) al tiempo que determina la responsabilidad civil derivada de tal incumplimiento, tiene un evidente contenido sancionador y antifraude».

b) Junto a las características descritas la empresa también debe tener presente una serie de **requisitos**:

1. **Formalización del contrato de relevo y del contrato del jubilado parcial.** El contrato de trabajo del trabajador que se jubila parcialmente y el contrato de relevo habrán de formalizarse por escrito en modelo oficial.

En el contrato de trabajo del trabajador que se jubila parcialmente deberán constar los elementos propios del contrato a tiempo parcial, así como la jornada que realizaba antes y la que resulte como consecuencia de la reducción de su jornada de trabajo.

En el contrato de relevo deberán constar el nombre, edad y circunstancias profesionales del trabajador sustituido y las características del puesto de trabajo que vaya a desempeñar el trabajador relevista.

2. **Mantenimiento de derechos.** La celebración del contrato del trabajador que se jubila parcialmente no supondrá la pérdida de los derechos adquiridos y de la antigüedad que correspondan al trabajador.

3. **Mantenimiento de los contratos de relevo y de jubilación parcial.** La D.A. 2.ª del Real Decreto 1131/2002, de 31 de octubre, establece un deber del empresario de sustitución del trabajador relevista que hubiera cesado en el trabajo por otro trabajador que se encuentre en situación de desempleo o en situación de trabajador temporal de la misma empresa.

c) Obligaciones de empresa y persona trabajadora

Como desarrollaremos, empresa y trabajador cotizarán por la base de cotización que, en su caso, hubiese correspondido de seguir trabajando a jornada completa [art. 215.2 g) de la LGSS] —sin perjuicio de la reducción de jornada—.

2.4.4. Contratación mediante un contrato formativo a tiempo parcial

Contrato a tiempo parcial de formación en alternancia

El contrato para la formación en alternancia tendrá por objeto compatibilizar la actividad laboral retribuida con los correspondientes procesos formativos en el ámbito de la formación profesional, los estudios universitarios o del *Catálogo de especialidades formativas* del Sistema Nacional de Empleo. **Esta modalidad contractual entró en vigor con efectos de 30 de marzo de 2022** sustituyendo al antiguo contrato para la formación y aprendizaje (anterior redacción del art. 11.2 del ET).

Antes de la reforma laboral 2021-2022, la modalidad contractual existente (el derogado contrato de formación y aprendizaje) estipulaba que la jornada laboral debía ser siempre a tiempo completo. No obstante, el contrato de formación en alternancia puede realizarse a tiempo parcial.

La jornada bajo el contrato de formación a tiempo parcial será la suma del tiempo de formación teórica y del tiempo de trabajo efectivo en la empresa, pero es importante matizar que durante el primer año el tiempo de trabajo no podrá ser superior al 65 % de la jornada máxima prevista, que deberá estipularse en el convenio colectivo de aplicación o por la jornada máxima legal.

Contrato de formación en alternancia	
Regulación	Art. 11.2 del ET.
Causa	Compatibilizar la actividad laboral retribuida con los correspondientes procesos formativos.
Duración del contrato	La prevista en el correspondiente plan o programa formativo (mínimo de tres meses y máximo de dos años). Podrá desarrollarse al amparo de un solo contrato de forma no continuada, a lo largo de diversos periodos anuales coincidentes con los estudios (de estar previsto en el plan o programa formativo).

Posible prórroga	Podrá prorrogarse mediante acuerdo de las partes, hasta la obtención de dicho título, certificado, acreditación o diploma sin superar nunca la duración máxima de dos años (en caso de que el contrato se hubiera concertado por una duración inferior a la máxima legal establecida y no se hubiera obtenido el título, certificado, acreditación o diploma asociado al contrato formativo).
Requisitos de la persona trabajadora	Se podrá celebrar: — Con personas que carezcan de la cualificación profesional reconocida por las titulaciones o certificados requeridos para concertar un contrato formativo para la obtención de práctica profesional. — Vinculado a los estudios de formación profesional o universitaria con personas que posean otra titulación siempre que no haya tenido otro contrato formativo previo en una formación del mismo nivel formativo y del mismo sector productivo.
Periodo de prueba	No podrá establecerse.
Actividad laboral desarrollada por la persona trabajadora	Deberá estar directamente relacionada con las actividades formativas. El tiempo de trabajo efectivo no podrá ser superior al 65 %, durante el primer año, o al 85 %, durante el segundo. Se aplicará la jornada máxima prevista en convenio colectivo, o, en su defecto, de la jornada máxima legal.
Formación teórica	Pendiente de desarrollo reglamentario tanto su contenido como la financiación de la actividad formativa.
Limitaciones	En el supuesto de que el contrato se suscriba en el marco de certificados de profesionalidad de nivel 1 y 2, y programas públicos o privados de formación en alternancia de empleo/formación, que formen parte del catálogo de especialidades formativas del Sistema Nacional de Empleo: personas de hasta treinta años. Con carácter general solo podrá celebrarse un contrato de formación en alternancia por cada ciclo formativo de formación profesional y titulación universitaria, certificado de profesionalidad o itinerario de especialidades formativas del catálogo de Especialidades Formativas del Sistema Nacional de Empleo.
Retribución	La retribución será la establecida para estos contratos en el convenio colectivo de aplicación. En defecto de previsión convencional, la retribución no podrá ser inferior al sesenta por ciento el primer año ni al setenta y cinco por ciento el segundo, respecto de la fijada en convenio para el grupo profesional y nivel retributivo correspondiente a las funciones desempeñadas, en proporción al tiempo de trabajo efectivo. En ningún caso la retribución podrá ser inferior al salario mínimo interprofesional en proporción al tiempo de trabajo efectivo.
Tutor	La persona contratada contará con una persona tutora designada por el centro o entidad de formación y otra designada por la empresa.

Planes formativos	Especificarán el contenido de la formación, el calendario y las actividades y los requisitos de tutoría para el cumplimiento de sus objetivos.
Indemnización	No genera derecho a recibir indemnización [letra c) del artículo 49.1 del ET].
Transformación en indefinido	Bonificación según el art. 24 del Real Decreto-ley 1/2023, de 10 de enero.
Otras especificaciones	Las personas contratadas con contrato de formación en alternancia no podrán realizar horas complementarias ni horas extraordinarias, salvo en el supuesto previsto en el artículo 35.3 del ET. Tampoco podrán realizar trabajos nocturnos ni trabajo a turnos. Excepcionalmente, podrán realizarse actividades laborales en los citados periodos cuando las actividades formativas para la adquisición de los aprendizajes previstos en el plan formativo no puedan desarrollarse en otros periodos, debido a la naturaleza de la actividad.
	Reglamentariamente se establecerán, previa consulta con las administraciones competentes en la formación objeto de realización mediante contratos formativos, los requisitos que deben cumplirse para la celebración de los mismos, tales como el número de contratos por tamaño de centro de trabajo, las personas en formación por tutor o tutora, o las exigencias en relación con la estabilidad de la plantilla.
	Las empresas podrán solicitar por escrito al SEPE información relativa a si las personas a las que pretenden contratar han estado previamente contratadas bajo esta modalidad y la duración de estas contrataciones. Dicha información deberá trasladarse a la representación legal de las personas trabajadoras y tendrá valor liberatorio a efectos de no exceder la duración máxima de este contrato.
	Se establecen una serie de normas comunes para todos los contratos formativos relacionadas con: fraude de ley, seguridad social; formalización, especificaciones en límites de edad y duración máxima en caso de discapacidad o pertenencia a determinados colectivos; determinación de los puestos y actividades que se pueden desarrollar por estas modalidades; limitaciones en caso de ERTE; y, cómputo del periodo de prueba a efectos de antigüedad.

Contrato formativo a tiempo parcial para la obtención de la práctica profesional

El contrato de formación para la práctica profesional es una modalidad de contrato que entró en vigor en marzo de 2022. Esta modalidad surge de la reforma laboral 2021-2022 **permitiendo** la contratación laboral de quienes posean un título universitario o de un título de grado medio o superior, especialista, máster profesional o certificado del sistema de formación profesional.

Este contrato podrá ser a jornada completa o parcial. Si se trata de un contrato a tiempo parcial, deberá figurar el número de horas ordinarias de trabajo al día, a la semana, al mes o al año contratadas, así como el modo de su distribución según lo previsto en convenio colectivo. De no observarse estas exigencias, el contrato se presumirá celebrado a jornada completa, salvo prueba en contrario que acredite el carácter parcial de los servicios [art 12.4 a) del ET].

Contrato formativo para la obtención de la práctica profesional adecuada al correspondiente nivel de estudios	
Regulación	Art. 11.3 del ET.
Causa	La obtención de la práctica profesional adecuada al correspondiente nivel de estudios.
Duración del contrato	No podrá ser inferior a seis meses ni superior a un año. Dentro de estos límites los convenios colectivos de ámbito sectorial estatal o autonómico, o en su defecto, los convenios colectivos sectoriales de ámbito inferior podrán determinar su duración, atendiendo a las características del sector y de las prácticas profesionales a realizar.
Requisitos de la persona trabajadora	Estar en posesión de un título universitario o de un título de grado medio o superior, especialista, máster profesional o certificado del sistema de formación profesional (Ley Orgánica 5/2002, de 19 de junio), así como con quienes posean un título equivalente de enseñanzas artísticas o deportivas del sistema educativo, que habiliten o capaciten para el ejercicio de la actividad laboral.
Limitaciones	Ha de concertarse dentro de los tres años siguientes a la terminación de los correspondientes estudios (cinco años si se concierta con una persona con discapacidad). No podrá suscribirse con quien ya haya obtenido experiencia profesional o realizado actividad formativa en la misma actividad dentro de la empresa por un tiempo superior a tres meses, sin que se computen a estos efectos los periodos de formación o prácticas que formen parte del currículo exigido para la obtención de la titulación o certificado que habilita esta contratación. Ninguna persona podrá ser contratada en la misma o distinta empresa por tiempo superior a los máximos previstos en virtud de la misma titulación o certificado profesional. Tampoco se podrá estar contratado en formación en la misma empresa para el mismo puesto de trabajo por tiempo superior a los máximos previstos, aunque se trate de distinta titulación o distinto certificado.
Periodo de prueba	Un mes, salvo lo dispuesto en convenio colectivo.
Actividad laboral desarrollada por la persona trabajadora	El puesto de trabajo deberá permitir la obtención de la práctica profesional adecuada al nivel de estudios o de formación objeto del contrato. La empresa elaborará el plan formativo individual en el que se especifique el contenido de la práctica profesional, y asignará tutor o tutora que cuente con la formación o experiencia adecuadas para el seguimiento del plan y el correcto cumplimiento del objeto del contrato.
Formación teórica	Se establecerá reglamentariamente.

Retribución	Será la fijada en el convenio colectivo aplicable en la empresa para estos contratos o en su defecto la del grupo profesional y nivel retributivo correspondiente a las funciones desempeñadas.
	En ningún caso la retribución podrá ser inferior a la retribución mínima establecida para el contrato para la formación en alternancia ni al salario mínimo interprofesional en proporción al tiempo de trabajo efectivo.
Transformación en indefinido	Bonificación según el art. 24 del Real Decreto-ley 1/2023, de 10 de enero.
Otras especificaciones	

2.4.5. Contrato fijo a tiempo parcial de jornada concentrada

Los contratos de trabajo a tiempo parcial en los que se produce acuerdo empresa-trabajador para que la jornada anual inicialmente pactada se preste en determinados periodos de cada año, con periodos de inactividad superiores al mensual y con percibo de todas las remuneraciones anuales en tales periodos de trabajo, se regula en la D.A. 3.ª del Real Decreto 1131/2002, de 31 de octubre, y presenta peculiaridades cuando el trabajo se concentre en períodos inferiores a los de alta.

Esta submodalidad la analizaremos en el punto «Cotización en los supuestos de trabajo concentrado en períodos inferiores a los de alta».

2.5. Conversión de un trabajo a tiempo completo en un trabajo parcial y viceversa

El artículo 12.4 e) del Estatuto de los Trabajadores sobre la conversión de un trabajo a tiempo completo en un trabajo parcial (o viceversa) establece:

«e) La conversión de un trabajo a tiempo completo en un trabajo parcial y viceversa tendrá siempre carácter voluntario para el trabajador y no se podrá imponer de forma unilateral o como consecuencia de una modificación sustancial de condiciones de trabajo al amparo de lo dispuesto en el artículo 41.1.a). El trabajador no podrá ser despedido ni sufrir ningún otro tipo de sanción o efecto perjudicial por el hecho de rechazar esta conversión, sin perjuicio de las medidas que, de conformidad con lo dispuesto en los artículos 51 y 52.c), puedan adoptarse por causas económicas, técnicas, organizativas o de producción.

A fin de posibilitar la movilidad voluntaria en el trabajo a tiempo parcial, el empresario deberá informar a los trabajadores de la empresa sobre la existencia de puestos de trabajo vacantes, de manera que aquellos puedan formular solicitudes de conversión voluntaria de un trabajo a tiempo completo en un trabajo a tiempo parcial y viceversa, o para el incremento del tiempo de trabajo de los trabajadores a tiempo parcial, todo ello de conformidad con los procedimientos que se establezcan en convenio colectivo.

Con carácter general, las solicitudes a que se refiere el párrafo anterior deberán ser tomadas en consideración, en la medida de lo posible, por el empresario. La denegación de la solicitud deberá ser notificada por el empresario al trabajador por escrito y de manera motivada».

En base a la normativa expuesta el empresario no puede imponer de manera unilateral la transformación de un contrato a tiempo completo en uno a tiempo parcial, ni puede obligar al trabajador a convertir un contrato a tiempo parcial en otro a tiempo completo. Es necesario contar con el consentimiento de la persona trabajadora. Es decir, **la novación contractual ha de contar siempre con la voluntad del trabajador, siendo imposible legalmente efectuar la transformación a través del cauce del artículo 41 del ET (modificación sustancial de las condiciones de trabajo).**

A TENER EN CUENTA. En la transformación de un tipo de jornada a otra —completa a parcial, o parcial a completa— siempre debe mediar el consentimiento individual de la persona trabajadora, y conforme indica el precepto, su negativa a aceptar la propuesta empresarial de conversión no puede justificar ni su despido ni ningún otro tipo de sanción o efecto perjudicial derivado de dicho rechazo.

CUESTIONES

1. ¿Es posible una transformación temporal del contrato a tiempo parcial en un contrato a tiempo completo?

Según la STSJ de Navarra n.º 271/2020, de 26 de noviembre de 2020, ECLI:ES:TSJNA:2020:473, mediante acuerdo novatorio válidamente suscrito por las partes es posible transformar temporalmente un contrato a tiempo parcial a completo (o viceversa) para cubrir necesidades de personal en vacaciones o aumentos de producción puntuales en la empresa.

La decisión empresarial comunicando al trabajador su retorno a una jornada a tiempo parcial no puede reconocerse como una modificación sustancial de condiciones de trabajo, sino como el mero cumplimiento de un acuerdo novatorio válidamente suscrito.

Para el TSJ de Navarra el artículo 12.4 e) del ET no prohíbe que la novación de un contrato a tiempo parcial en uno a tiempo completo, o viceversa, pueda tener una limitación temporal. *«De dicho precepto no se desprende que solo sea posible la transformación contractual si la misma es por un tiempo indefinido y, a este respecto, tampoco la norma convencional aplicable efectúa previsión alguna».*

Lo único que exige la norma es que la transformación cuente con la voluntad del trabajador y que, evidentemente, en dicha voluntad no se aprecie vicio alguno que anule o invalide el consentimiento prestado. Así, *«la conversión contractual a la que nos referimos requiere un acuerdo entre empresario y trabajador que recoja la expresión del consentimiento por parte del trabajador, consentimiento que, en principio, debe presumirse libre y conscientemente emitido y manifestado, y recaído sobre la cosa y la causa que han de constituir el contrato».*

2. La reincorporación de una trabajadora excedente voluntaria a través de un contrato a tiempo parcial (siendo su puesto anterior a tiempo completo), ¿constituye una novación de su anterior contrato a tiempo completo?

Siempre debe mediar el consentimiento individual de la persona trabajadora. La STS n.º 376/2023, de 24 de mayo del 2023, ECLI:ES:TS:2023:2354, establece analiza un supuesto como el planteado en el que la trabajadora (al aceptar su reincorporación mediante un contrato a tiempo parcial) expresamente manifestó que tal aceptación no implicaba renuncia a su reingreso a una jornada a tiempo completo. *«Evidenciaba claramente de este modo, su negativa a producir una novación de su contrato de trabajo que fuera definitiva. Antes bien al contrario, con esa manifestación la actora expresaba que no consentía la novación de su contrato indefinido en un contrato a tiempo parcial y que, si aceptaba la reincorporación mediante un contrato a tiempo parcial, ello no significaba en modo alguno que renunciase a ser reincorporada en las mismas condiciones que regían antes de la excedencia. El hecho de que la empresa le advirtiera que la aceptación de la oferta supondría el agotamiento del derecho al reingreso derivado de la excedencia resulta absolutamente inocuo pues tal manifestación de parte no fue en ningún caso aceptada por la trabajadora y, por sí sola no podía producir una modificación contractual, una novación del inicial contrato a tiempo completo por un contrato a tiempo parcial por impedirlo expresamente el artículo 12.4 e) ET».*

3. ¿Sería posible realizar una novación puntual para canalizar puntas de producción o sustituir a un trabajador durante vacaciones?

Por lo general estas necesidades pueden solventarse a través de los contratos temporales regulados en el artículo 15 del ET, pero el artículo 12.4 e) posibilita la movilidad voluntaria en el trabajo a tiempo parcial precisamente para la cobertura de puestos vacantes en la empresa. De esta forma, y a través del incremento de jornada, sin transformación de la naturaleza indefinida de sus contratos, se puede dar respuesta satisfactoria a necesidades puntuales en la empresa posibilitando que trabajadores de plantilla, y la propia empresa, se beneficien ante una situación puntual que surge en el ámbito empresarial.

«El beneficio para el empresario es claro: en vez de contratar "ex novo" trabajadores temporales para cubrir una necesidad puntual, ofrece a sus propios trabajadores, que conocen la dinámica empresarial, incrementar su jornada, variar su contrato de trabajo en cuanto a su duración y subvenir las necesidades de una manera rápida y eficaz. Para el trabajador, el beneficio es también patente: tras prestar su consentimiento, pasa a realizar una jornada a tiempo completo con los cambios retributivos y de cotización correspondientes, lo que supone una mejora en el empleo que, aunque se establezca temporalmente, supone un beneficio para el empleado». (STSJ de Navarra n.º 271/2020, de 26 de noviembre de 2020, ECLI:ES:TSJNA:2020:47).

2.6. Retribución de los trabajadores a tiempo parcial y fórmulas para el cálculo de distintos conceptos

Son retribuciones salariales las remuneraciones económicas de las personas trabajadoras en dinero o en especie que reciben por la prestación profesional de los servicios laborales por cuenta ajena. En trabajadores a tiempo parcial el cálculo de los conceptos retributivos variará dependiendo de la proporcionalidad (o no) regulada en convenio colectivo.

> **A TENER EN CUENTA.** Con carácter general los trabajadores a tiempo parcial tendrán los mismos derechos que los trabajadores a tiempo completo; siendo las percepciones proporcionales al tiempo de trabajo, según las tablas salariales del convenio aplicable.

El cálculo de los conceptos retributivos para un trabajador a tiempo parcial se realiza de manera proporcional a las horas de trabajo convenidas en el contrato en comparación con las horas de un trabajador a tiempo completo equivalente en la misma empresa y con el mismo tipo de contrato. Este cálculo debe realizarse teniendo en cuenta tanto la retribución básica como los complementos salariales que correspondan.

Se deben seguir estos pasos:

– **Determinar el salario base a tiempo completo:** se debe conocer cuál es el salario base de un trabajador a tiempo completo en la misma categoría profesional y puesto de trabajo que el trabajador a tiempo parcial.

– **Identificar la jornada a tiempo completo:** determinar las horas que conforman una jornada completa según el convenio colectivo aplicable o, en su defecto, la práctica de la empresa.

– **Cálculo proporcional:** calcular el salario proporcional en función del número de horas pactadas en el contrato a tiempo parcial respecto a la jornada completa.

– **Complementos salariales:** los complementos salariales (como antigüedad, peligrosidad, idiomas, etc.) también deben calcularse de manera proporcional, a no ser que en el convenio colectivo se establezca otra cosa.

– **Prorrateo de pagas extras:** las pagas extras, al igual que el salario base y los complementos, deben ser prorrateados según la jornada de trabajo del empleado a tiempo parcial.

– **Horas complementarias:** si el contrato a tiempo parcial contempla horas complementarias (horas que el trabajador se compromete a trabajar más allá de su jornada ordinaria hasta un cierto límite), su retribución también se calculará de forma proporcional.

Este aspecto se completa de forma teórica en el análisis del «Principio de no discriminación y principio y proporcionalidad» y de forma práctica en el apdo.: *«Claves para calcular las nóminas en contratos a tiempo parcial»* de la obra.

2.7. Fraudes más frecuentes en los contratos a tiempo parcial y sus consecuencias

El fraude de ley en la contratación a tiempo parcial se produce cuando se utiliza este tipo de contrato para encubrir una jornada laboral completa o para realizar prácticas que no se ajustan a la regulación legal o al convenio aplicable, contraviniendo el Estatuto de los Trabajadores y la legislación laboral. Las repercusiones de un fraude de ley en la contratación a tiempo parcial pueden ser serias y conllevan consecuencias tanto para la empresa como para el trabajador. Estas repercusiones incluyen el reconocimiento de la relación laboral como de jornada completa, reclamaciones de cantidad, sanciones administrativas, regularización de cotizaciones y daño reputacional.

2.7.1. Prácticas fraudulentas en materia de contratación a tiempo parcial

Los incumplimientos más habituales en la contratación a tiempo parcial pueden ser:

La realización de una jornada de trabajo superior a la estipulada

Siguiendo el art. 7.5 de la LISOS, el incumplimiento de las normas en materia de jornada y tiempo de trabajo se considerará una infracción grave en materia de relaciones laborales:

> «La transgresión de las normas y los límites legales o pactados en materia de jornada, trabajo nocturno, horas extraordinarias, horas complementarias, descansos, vacaciones, permisos, registro de jornada y, en general, el tiempo de trabajo a que se refieren los artículos 12, 23 y 34 a 38 del Estatuto de los Trabajadores».

CUESTIÓN

Una persona trabajadora a tiempo parcial viene realizando una jornada superior a la fijada en su contrato, ¿qué debe hacer?

Si una persona trabajadora a tiempo parcial está realizando una jornada superior a la establecida en su contrato, deberá tomar las siguientes acciones:

1. **Negociar con la persona empleadora**: es recomendable en primer lugar intentar una negociación amistosa con el empleador para ajustar la jornada laboral a la realidad de las horas trabajadas o, en caso correspondiente, para modificar el contrato a un régimen de jornada completa.

2. **Usar el registro horario como medio de prueba**: también es recomendable asegurarse de que todas las horas trabajadas queden debidamente registradas en el registro horario obligatorio. Esto resultará una prueba fundamental en caso de reclamación.

3. **Acudir a la representación legal de las personas trabajadoras en la empresa**: si la empresa tiene representantes de los trabajadores, como un comité de empresa o delegados sindicales, informarles de la situación para que intervengan y ayuden a solucionar el conflicto.

4. **Denuncia a la Inspección de Trabajo y Seguridad Social**: si las negociaciones amistosas no fructifican y el trabajador considera que sus derechos están siendo vulnerados, puede presentar una denuncia ante la ITSS, la cual investigará y podrá sancionar a la empresa en caso de encontrar irregularidades.

Esta acción es el único medio directo que tienen los trabajadores para poner en conocimiento de la Inspección de Trabajo y de la Seguridad Social los hechos del empresario o sus representantes que puedan suponer infracciones de la normativa social. Por lo general el inspector de trabajo se presentará en las oficinas de la empresa, sin aviso previo, y solicita una serie de documentos (registro horario, nóminas, autorizaciones de trabajo, etc.). En el caso de que durante el procedimiento se detecten irregularidades, en función del caso, la empresa podrá ser sancionada o advertida.

También existe la posibilidad de realizar este tipo de denuncias de forma anónima mediante el buzón de fraude laboral de la Inspección de Trabajo. No obstante, ha de tenerse en cuenta que las denuncias por este método no garantizan la actuación de la ITSS, al no tratarse de una denuncia formal la inspección no está obligada a actuar.

5. Reclamación de cantidades de forma extrajudicial: en caso de que el empleador no ajuste la situación, la persona trabajadora puede interponer una reclamación de cantidades por las horas extras trabajadas y no pagadas de acuerdo a lo que estipula la ley.

La Ley 36/2011, de 10 de octubre, reguladora de la jurisdicción social, reitera la exigencia del intento conciliador ante el servicio administrativo correspondiente o ante los órganos de conciliación que puedan establecerse a través de los acuerdos interprofesionales o los convenios colectivos, así como los acuerdos de interés profesional (arts. 63 y 154 de la LRJS, 83 del ET y 13 de la Ley 20/2007, de 11 de julio) como requisito previo a la tramitación de cualquier proceso ante el órgano jurisdiccional.

6. Demanda ante los juzgados de lo social: en última instancia el trabajador puede presentar una demanda judicial para que se reconozcan sus derechos, se ajuste su jornada y se le compense adecuadamente (arts. 80-82 de la LRJS).

La falta de formalización de contrato por escrito o la ausencia de la indicación del número de horas de trabajo y su modo de distribución

No formalizar por escrito el contrato de trabajo, cuando este requisito sea exigible o lo haya solicitado la persona trabajadora, o la falta de indicación en el contrato del número de horas de trabajo y su modo de distribución constituye una infracción grave en materia de relaciones laborales [arts. 12.4 a) del ET y 7.1 de la LISOS].

En estos casos, la norma hace referencia a una excepción: *«(...) salvo prueba en contrario que acredite su naturaleza temporal o el carácter a tiempo parcial de los servicios»* (art. 8.2 del ET). Es decir, corresponderá a la persona empleadora desvirtuar las presunciones establecidas en esos preceptos (art. 217 de la LEC). Entendemos que la desvirtuación de esas presunciones requiere que se practique por la empresa una prueba sobre la jornada que venía realizando la persona trabajadora, inferior a la ordinaria, sin que sea suficiente, por ej.: la afirmación de que no iba todos los días, ni ocho horas diarias, que el trabajador no tenía horario fijo, etc.

RESOLUCIÓN RELEVANTE

STSJ de Andalucía n.º 2104/2019, de 12 de septiembre de 2019, ECLI:ES:TSJAND:2019:8870

«(...) una cosa es que no haya prueba de que el trabajador estuviera allí ocho horas diarias, (...) y otra distinta que se considere desvirtuada la realización de una jornada a

tiempo parcial inferior a la postulada en la demanda, que ni siquiera fue cuantificada por el demandado, sino que se fija por el juzgador haciendo una regla de tres entre lo que cobraba, el salario mensual según convenio, utilizando erróneamente el postulado por el actor correspondiente a la jornada a tiempo parcial como si fuera el que correspondía a la jornada a tiempo completo, para determinar la jornada que venía realizando el actor».

La falta de registro de la jornada

En el supuesto de los trabajadores a tiempo parcial el contrato se presumirá realizado a jornada completa. Si la empresa no lleva el registro, pero el inspector tiene la certeza de que se cumple la normativa y no se realizan horas extraordinarias, se podría sustituir el inicio del proceso sancionador por un requerimiento para que se cumpla con la obligación de tener registrada la jornada de trabajo diaria.

> **A TENER EN CUENTA.** La omisión de registro genera la presunción de existencia de jornada a tiempo completo.

No obstante, en caso de inexistencia del registro horario, las reglas de distribución de la carga de la prueba determinan que es la empresa a quien corresponde acreditar una jornada a tiempo parcial y no a la persona trabajadora demostrar que su jornada es a tiempo completo.

En la STSJ Castilla y León, rec. 272/2019, de 24 de mayo de 2019, ECLI:ES:TSJCL:2019:2243, seguida de otras (TSJ de Andalucía, rec. 1893/2017, de 22 de febrero de 2018, ECLI:ES:TSJAND:2018:7978, STSJ Madrid, rec. 1464/2017, de 14 de mayo de 2018, ECLI:ES:TSJM:2018:5920 y STSJ País Vasco, rec. 2203/2018, de 18 de diciembre de 2018, ECLI:ES:TSJPV:2018:2831, la Sala de lo Social entiende una injustificada falta de aportación del registro de jornada, o lo que es lo mismo «la ausencia de acreditación de su existencia», como un claro indicio de incumplimiento de las obligaciones que en esta materia corresponde a la empresa, por lo que no puede hacerse recaer sobre la trabajadora la carga de acreditar la realización de una jornada a tiempo completo.

La omisión de registro general la presunción de existencia de jornada a tiempo completo, es decir, siguiendo las reglas de distribución de la carga de la prueba, será la empresa a la que corresponde acreditar una jornada a tiempo parcial y no a la persona trabajadora demostrar que su jornada es a tiempo completo. Lo contrario, asevera la Sentencia, «iría en contra de la vinculación que la norma transcrita establece [artículo 12.4.c) del ET] y del efecto presuntivo contemplado en el artículo 385.1 de la LECiv, según el cual "las presunciones que la ley establece dispensan de la prueba del hecho presunto a la parte a la que este hecho favorezca". Supondría, además, desconocer los efectos propios del criterio de disponibilidad y facilidad probatoria contemplado en el artículo 217.7 de la LEC, conforme al cual corresponde a la empresa la llevanza de los registros de jornada acreditativos de la realizada y quien puede y debe aportarlos, de serle requeridos, como así ocurrió en este caso».

La posibilidad de prueba en contrario que el artículo 12.4.c) del ET dispone se admite en el número 2 del precitado artículo 385 en una doble dirección, tanto para probar la inexistencia del hecho presunto como para demostrar que no existe, y, «ninguna actividad ha desplegado la empresa, que es a quien corresponde ahora la carga probatoria, en orden a acreditar una jornada a tiempo parcial».

2.7.2. Repercusiones de las prácticas fraudulentas en materia de contratación a tiempo parcial

Las repercusiones de un fraude de ley en la contratación a tiempo parcial pueden ser serias y conllevan consecuencias tanto para la empresa como para el trabajador. Las más relevantes incluyen:

– **Reconocimiento de la relación laboral como indefinida y a jornada completa**: si se demuestra que el trabajador ha estado realizando una jornada completa a pesar de estar contratado a tiempo parcial, se puede reconocer la relación laboral como de jornada completa, con los derechos y obligaciones que ello conlleva [art. 8.2, 12.4 a) y c) del ET].

– **Reclamaciones de cantidad**: el trabajador podría reclamar las diferencias salariales y las cotizaciones a la Seguridad Social correspondientes a una jornada completa, así como las diferencias en la acumulación de derechos como vacaciones, pagas extra, indemnización por despido, entre otros.

– **Sanciones administrativas**: la empresa podría enfrentarse a sanciones por parte de la Inspección de Trabajo y Seguridad Social por el incumplimiento de la normativa laboral, las cuales pueden incluir multas de carácter económico.

– **Regularización de cotizaciones**: la Tesorería General de la Seguridad Social podría requerir a la empresa la regularización de las cotizaciones no pagadas, imponiendo recargos y sanciones asociadas.

– **Daño reputacional**: el fraude de ley puede causar daño reputacional a la empresa, afectando su imagen y relaciones con clientes, proveedores, y posibles futuros empleados.

2.8. Prestación de servicios en la misma empresa con distintos contratos a tiempo parcial

Entre las condiciones reguladoras de la formalización del contrato a tiempo parcial no existe prohibición de contratación plural a tiempo parcial; cobrando especial relevancia el principio de libertad contractual proclamado en el art. 1255 del Código Civil. Las contrataciones así efectuadas únicamente pueden ser tachadas de ilegales cuando se hubieran efectuado en fraude de ley, como sería el supuesto de que entre los dos contratos se rebase la jornada máxima legal.

La posibilidad legal de la contratación plural mediante dos contratos a tiempo parcial con la misma empresa fue admitida por las STS n.º 1765/2005, de 21 de marzo de 2005, ECLI:ES:TS:2005:1765 y STS, rec. 3223/2003, de 17 de mayo de 2004, ECLI:ES:TS:2004:3324. **Para el Alto Tribunal si las contrataciones tienen dos causas distintas de temporalidad y distinto objeto serían completamente lícitas, generándose incluso la posibilidad legal de acceder a la prestación de desempleo a la extinción de uno de ellos.**

Concretamente, la STS n.º 1765/2005, de 21 de marzo de 2005, en unificación de doctrina mantiene:

> «Admitida la posibilidad legal de la contratación plural efectuada, no cabe duda de que la extinción de uno de los dos contratos, de acuerdo con la naturaleza que le es propia (fin de la obra concertada), debe dar lugar al devengo de la prestación contributiva, de conformidad con lo establecido en la letra f) del art. 208.1 del Real Decreto Legislativo 1/1994, de 20 de junio, no siendo aplicables las previsiones legales sobre reducción de jornada a que se refiere el art. 203.3, Real Decreto Legislativo 1/1994, de 20 de junio». [Actualmente las referencias normativas se encuentran con el mismo texto en los vigentes arts. 1 a) 6°, 267 y 262.3, del Real Decreto Legislativo 8/2015, de 30 de octubre, por el que se aprueba el texto refundido de la Ley General de la Seguridad Social].

2.9. Especificaciones sobre la cuantía de los incentivos a la contratación en caso de trabajo a tiempo parcial

Los incentivos para contratación están priorizados para la contratación a tiempo completo. Sin embargo, en los supuestos de contratación a tiempo parcial, las cuantías se reducirán proporcionalmente según la jornada establecida. Se excluyen las jornadas inferiores al 50 % de la jornada a tiempo completo, a excepción de los permisos por conciliación.

Prioridad a la contratación a tiempo completo en el acceso a los incentivos por contratación

Desde el 1 de septiembre de 2023 se aplica un nuevo sistema de incentivos a la contratación laboral, fijándose (con excepciones) un porcentaje mínimo de jornada para el acceso a los incentivos. **No se incentivan las jornadas parciales inferiores al 50 por ciento de la jornada a tiempo completo de una persona trabajadora** (salvo supuestos de permisos por conciliación).

> **A TENER EN CUENTA.** Los arts. 10 a 13 del Real Decreto-ley 1/2023, de 10 de enero, con efectos del 01/09/2023, desarrollan las cuantías, duración, mantenimiento de beneficios, exclusiones, incompatibilidad, concurrencia de beneficios y reintegros para los nuevos incentivos a la contratación.

La cuantía y la duración de las bonificaciones en la cotización se regirán por lo establecido en cada uno de los programas o medidas previstos en el capítulo II del Real Decreto-ley 1/2023, de 10 de enero, de medidas urgentes en materia de incentivos a la contratación laboral y mejora de la protección social de las personas artistas.

Dado que la norma establece los incentivos a la contratación laboral por cada contrato suscrito a tiempo completo, resulta necesario analizar cómo influye la contratación parcial sobre las bonificaciones o exoneraciones a la contratación.

En los supuestos de contratación a tiempo parcial, las cuantías establecidas se reducirán proporcionalmente en función de la jornada fijada, sin que ésta pueda ser inferior, a efectos de la aplicación de los correspondientes incentivos, al 50 por ciento de la jornada a tiempo completo de una persona trabajadora comparable (art. 10.2 del Real Decreto-ley 1/2023, de 10 de enero). Esta medida supone que los supuestos de contratación a tiempo parcial las cuantías se reducirán proporcionalmente en función de la jornada establecida.

> **A TENER EN CUENTA.** Se entenderá por persona trabajadora a tiempo completo comparable lo establecido en el artículo 12.1 del texto refundido de la Ley del Estatuto de los Trabajadores, aprobado por Real Decreto Legislativo 2/2015, de 23 de octubre.

A efectos de la aplicación del incentivo en el caso de bonificaciones de cuotas, se entenderá que el porcentaje del 50 por ciento a que hace referencia el párrafo anterior es el porcentaje comunicado por la empresa en el momento del alta, o como variación de datos, identificativo del tiempo de trabajo realizado por la persona trabajadora en cada uno de los días del correspondiente período de liquidación de cuotas. Cuando la jornada de trabajo, definida conforme a lo indicado en este párrafo, sea inferior al 50 por ciento de la jornada a tiempo completo de una persona trabajadora comparable, no resultará de aplicación ningún importe de bonificación de cuotas, teniéndose en cuenta dicho período como consumido para el cómputo del tiempo máximo de disfrute de la bonificación de cuotas.

Excepciones a la prioridad a la contratación a tiempo completo en el acceso a los incentivos por contratación

El límite de duración mínima de la jornada a tiempo parcial no resultará de aplicación al colectivo de personas con discapacidad, como medida de adecuación del empleo a sus capacidades, ni tampoco en los supuestos de reducción de jornada previstos en el art. 37.4, 6 y 8 del Estatuto de los

Trabajadores, ni durante los períodos en los que las personas trabajadoras reduzcan su jornada de trabajo como consecuencia del ejercicio del derecho a la huelga.

Aplicación de los incentivos a la contratación en caso de novaciones del contrato de tiempo parcial a completo o viceversa

Cuando, durante la vigencia de un contrato incentivado que se hubiera concertado a tiempo parcial, el mismo se transforme en contrato a tiempo completo o pase a tener una jornada distinta, con el límite del porcentaje del 50 por ciento, se mantendrán los beneficios, pero sin que ello suponga el inicio de ningún nuevo periodo de aplicación de tales beneficios. A efectos de la aplicación del incentivo en el caso de bonificaciones de cuotas, estas se mantendrán, percibiéndose en la proporción correspondiente a la nueva jornada de trabajo, cuando se produzca una variación del tiempo de trabajo comunicado, mediante variación de datos, por el empleador.

3.
DERECHOS INFORMATIVOS Y DE PREFERENCIA DE LOS TRABAJADORES A TIEMPO PARCIAL EN CASO DE VACANTE A JORNADA COMPLETA

Junto al derecho de información asociada al registro horario, el art. 12.4 e) del ET establece el deber de informar a los trabajadores a tiempo parcial de la existencia de puestos de trabajo vacantes a jornada completa. Esta obligación varía dependiendo de diferentes factores como el convenio colectivo aplicable, acuerdos internos de la empresa, la existencia de representantes de los trabajadores, etc.

Información a los representantes de las personas trabajadoras sobre el número de trabajadores a tiempo parcial

En general, cuando existen representantes de los trabajadores, como comités de empresa o delegados de personal, el empresario está obligado a informar a estos representantes sobre la existencia de vacantes, especialmente aquellas a tiempo completo, para que puedan ser tenidas en cuenta por los trabajadores que puedan estar interesados en ellas. Esta información suele ser parte de la promoción del empleo interno y está destinada a garantizar la transparencia y el acceso equitativo de los trabajadores a las oportunidades de progreso y promoción dentro de la empresa.

El art. 64.2 c) del Estatuto de los Trabajadores establece que el comité de empresa tendrá derecho a ser informado trimestralmente «Sobre las previsiones del empresario de celebración de nuevos contratos, con indicación del número de éstos y de las modalidades y tipos que serán utilizados, incluidos los contratos a tiempo parcial, la realización de horas complementarias por los trabajadores contratados a tiempo parcial y de los supuestos de subcontratación».

Información a las personas trabajadoras a tiempo parcial de una vacante a tiempo completo

El art. 12.4 e) del ET establece:

«A fin de posibilitar la movilidad voluntaria en el trabajo a tiempo parcial, el empresario deberá informar a los trabajadores de la empresa sobre la existencia de puestos de trabajo vacantes, de manera que aquellos puedan formular solicitudes de conversión voluntaria de un trabajo a tiempo completo en un trabajo a tiempo parcial y viceversa, o para el incremento del tiempo de trabajo de los trabajadores a tiempo parcial, todo ello de conformidad con los procedimientos que se establezcan en convenio colectivo.

Con carácter general, las solicitudes a que se refiere el párrafo anterior deberán ser tomadas en consideración, en la medida de lo posible, por el empresario. La denegación de la solicitud deberá ser notificada por el empresario al trabajador por escrito y de manera motivada».

Teniendo presente el artículo transcrito, en caso de aumento de plantilla, o vacante a cubrir, en similar función, a igualdad de condiciones, las personas trabajadoras contratadas a tiempo parcial, tendrán preferencia sobre nuevas contrataciones a tiempo completo si el convenio lo establece. No obstante, salvo —reiteramos— obligación por convenio, no existe una obligación de conversión del contrato a tiempo parcial en otro a tiempo completo. Pero sí la obligación de comunicación y de denegación justificada. [A modo de ej. art. 4 c) del convenio colectivo sectorial estatal de cadenas de tiendas de conveniencia (BOE 25 de febrero de 2022)].

Esta información podrá facilitarse mediante un anuncio público en un lugar adecuado de la empresa o centro de trabajo, o mediante otros medios previstos en la negociación colectiva, que aseguren la transmisión de la información.

A pesar de que la norma no impone ningún requisito para la contestación por parte de los trabajadores es recomendable fijar un plazo razonable salvo especificación por convenio.

4.
JORNADA LABORAL DE LOS TRABAJADORES A TIEMPO PARCIAL Y SU DISTRIBUCIÓN

El reiterado art. 12.1 del ET hace referencia a la posibilidad de una jornada laboral «(...) d*urante un número de horas al día, a la semana, al mes o al año*» **inferior a la ordinaria**. Esta flexibilización permitida por la norma crea lo que podríamos definir como dos tipos de prestación de servicios a tiempo parcial cuya jornada solo estaría sujeta a los límites fijados por convenio o contrato de trabajo:

a) **Trabajadores a tiempo parcial de tipo vertical cíclico.** Se trata del régimen aplicable a quienes prestan su actividad en algunas semanas o meses al año con distintos periodos sin prestación de servicios. (STS, rec. 546/2017, de 21 de junio de 2017, ECLI:ES:TS:2017:2705).

b) **Trabajadores a tiempo parcial de tipo horizontal.** Que desarrollan su trabajo a tiempo parcial de manera continuada y sin periodos en blanco. Es decir, de manera constante, pero con jornada reducida. (STS, rec. 3600/2009, de 10 de noviembre de 2010, ECLI:ES:TS:2010:6533).

Cuando el contrato a tiempo parcial conlleve la ejecución de una jornada diaria reducida o inferior respecto de las demás personas trabajadoras, la tendencia por negociación colectiva es que sea preferentemente continuada, salvo que por necesidades organizativas o productivas no pueda serlo. No obstante, el único límite establecido sobre la posibilidad de fijar una prestación de servicios parcial no continuada (o de forma partida) lo encontramos en el art. 12.4 b) del ET, donde se establece: *«(...) solo será posible efectuar una única interrupción en dicha jornada diaria, salvo que se disponga otra cosa mediante convenio colectivo»* [A modo de ej. art. 22 del convenio colectivo de restauración colectiva (Boletín Oficial del Estado n.º 299 de 14/12/2022)].

> **A TENER EN CUENTA.** La negociación colectiva puede establecer una jornada mínima o máxima para los trabajadores a tiempo parcial.

Todos estos aspectos sobre la jornada laboral y su distribución, siguiendo el art. 12.4 a) del ET, pueden —y deben— figurar por escrito en el contrato de trabajo.

CUESTIÓN

El art. 34.2 del ET permite la distribución irregular de la jornada laboral a lo largo del año bajo ciertos extremos, ¿se podría aplicar a las personas trabajadoras a tiempo parcial?

Sí. Entra dentro de las facultades de flexibilidad empresarial en la organización del tiempo de trabajo.

Con la regulación actual, mediante convenio colectivo o, en su defecto, por acuerdo entre la empresa y los representantes de los trabajadores, se podrá establecer la distribución irregular de la jornada a lo largo del año. En defecto de pacto, la empresa podrá distribuir de manera irregular a lo largo del año el diez por ciento de la jornada de trabajo. (STSJ de Aragón n.° 698/2002, de 19 de junio de 2002, ECLI:ES:TSJAR:2002:1554). Si existe acuerdo entre empresa y representantes de los trabajadores nada impide la afección al mismo de los contratos a tiempo parcial.

4.1. Trabajador a tiempo completo comparable

Como ya hemos reiterado a lo largo de la obra, el contrato de trabajo se entenderá a tiempo parcial cuando se haya acordado la prestación de servicios durante un número de horas al día, a la semana, al mes o al año, inferior a la jornada de trabajo de un trabajador a tiempo completo comparable (art. 12.1 del ET).

Se entenderá por trabajador a tiempo completo comparable a un trabajador a tiempo completo de la misma empresa y centro de trabajo, con el mismo tipo de contrato de trabajo y que realice un trabajo idéntico o similar. Si en la empresa no hubiera ningún trabajador comparable a tiempo completo, se considerará la jornada a tiempo completo prevista en el convenio colectivo de aplicación o, en su defecto, la jornada máxima legal (art. 12.1 del ET y cláusula 2, punto 1, del Acuerdo Marco y ATS, rec. 116/2010, de 26 de octubre de 2011, ECLI:ES:TS:2011:13322AA).

4.2. Peculiaridades en el registro de horario y jornada de los trabajadores a tiempo parcial

El art. 12.4.c) del ET, establece respecto a los trabajadores a tiempo parcial «A estos efectos, la jornada de los trabajadores a tiempo parcial se registrará día a día y se totalizará mensualmente, entregando copia al trabajador, junto con el recibo de salarios, del resumen de todas las horas realizadas en cada mes, tanto las ordinarias como las complementarias».

El empresario deberá conservar los resúmenes mensuales de los registros de jornada durante un periodo mínimo de cuatro años.

En caso de incumplimiento de las obligaciones de registro, el contrato se presumirá celebrado a jornada completa, salvo prueba en contrario.

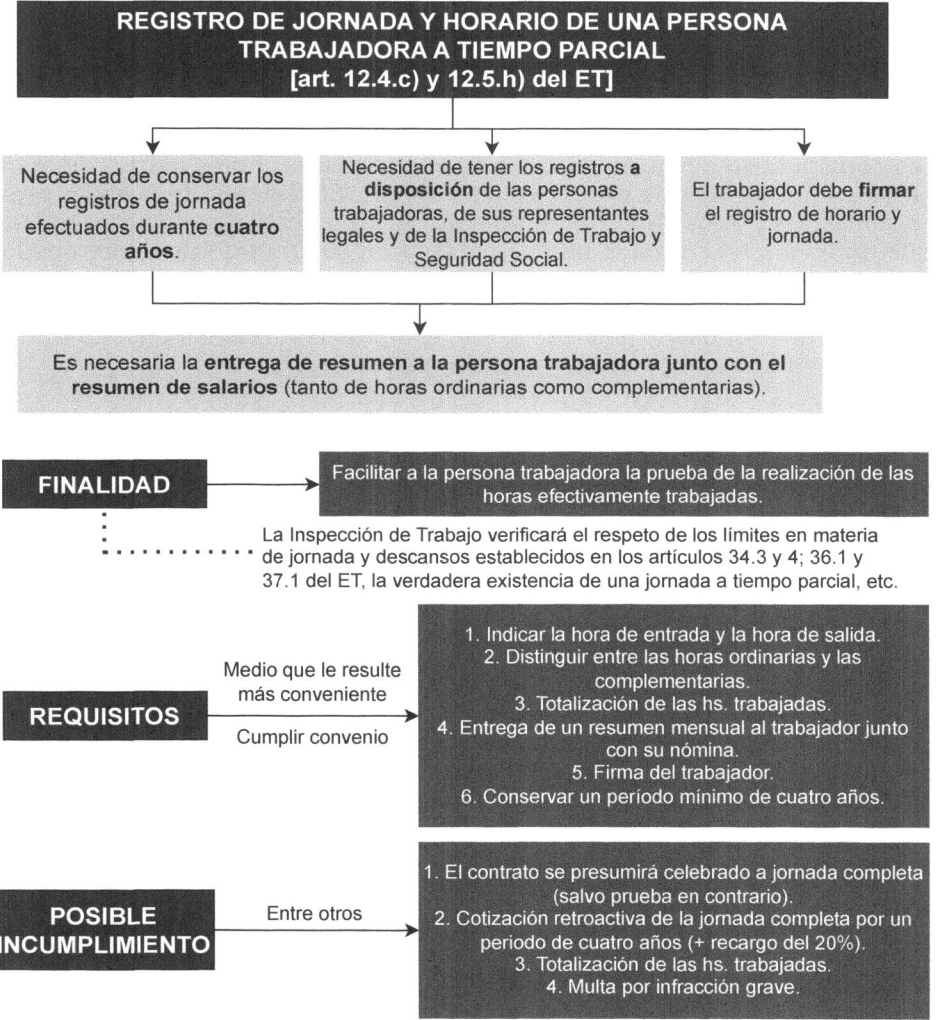

REGISTRO DE JORNADA Y HORARIO DE UNA PERSONA TRABAJADORA A TIEMPO PARCIAL [art. 12.4.c) y 12.5.h) del ET]

Necesidad de conservar los registros de jornada efectuados durante **cuatro años**.

Necesidad de tener los registros **a disposición** de las personas trabajadoras, de sus representantes legales y de la Inspección de Trabajo y Seguridad Social.

El trabajador debe **firmar** el registro de horario y jornada.

Es necesaria la **entrega de resumen a la persona trabajadora junto con el resumen de salarios** (tanto de horas ordinarias como complementarias).

FINALIDAD → Facilitar a la persona trabajadora la prueba de la realización de las horas efectivamente trabajadas.

La Inspección de Trabajo verificará el respeto de los límites en materia de jornada y descansos establecidos en los artículos 34.3 y 4; 36.1 y 37.1 del ET, la verdadera existencia de una jornada a tiempo parcial, etc.

REQUISITOS

Medio que le resulte más conveniente

Cumplir convenio

→ 1. Indicar la hora de entrada y la hora de salida.
2. Distinguir entre las horas ordinarias y las complementarias.
3. Totalización de las hs. trabajadas.
4. Entrega de un resumen mensual al trabajador junto con su nómina.
5. Firma del trabajador.
6. Conservar un período mínimo de cuatro años.

POSIBLE INCUMPLIMIENTO

Entre otros

→ 1. El contrato se presumirá celebrado a jornada completa (salvo prueba en contrario).
2. Cotización retroactiva de la jornada completa por un periodo de cuatro años (+ recargo del 20%).
3. Totalización de las hs. trabajadas.
4. Multa por infracción grave.

CUESTIÓN

¿Qué diferencias existen entre el registro de jornada de un trabajador a tiempo completo y otro a tiempo parcial?

El registro horario de las personas trabajadoras a tiempo parcial seguirá lo establecido en el art. 12.4.c) del ET. En el caso del contrato a tiempo parcial, hay que registrar diariamente las horas realizadas por cada trabajador, entregar mensualmente el cómputo global de horas totalizado. En caso de trabajadores a tiempo completo es obligatorio realizar el registro de las horas de entrada y salida diario.

4.3. Horas extraordinarias

Cuando un trabajador contratado a tiempo parcial realiza efectivamente una jornada superior a la pactada —y ese exceso no pueda ser calificado como horas complementarias—, todo lo que supere la jornada pactada, **constituyen horas extraordinarias y como tal han de ser retribuidas**, al margen o con independencia de la prohibición legal para efectuarlas.

Conforme al art. 12.4.c) del Estatuto de los Trabajadores, los trabajadores con contrato a tiempo parcial no pueden realizar horas extraordinarias, salvo en los supuestos excepcionales del art. 35.3 del ET (prevenir o **reparar** siniestros y otros daños extraordinarios y urgentes), y las horas trabajadas que excedan de la jornada parcial pactada en su contrato tampoco pueden reputarse como complementarias al no haberse acordado su realización en los términos exigidos por el apartado 5 del citado art. 12 del ET y exceder con mucho las limitaciones legales de las horas contratadas que, para tales complementarias, impone el epígrafe c) de dicho precepto.

La STS, rec. 1039/2013, de 11 de junio de 2014, ECLI:ES:TS:2014:3300 y la STS, rec. 87/2010, de 9 de marzo de 2011, ECLI:ES:TS:2011:2002, han aclarado que la prohibición de realizar horas extraordinarias que pesa sobre los empresarios y sobre los trabajadores contratados a tiempo parcial, con independencia de las consecuencias sancionadoras que su incumplimiento pudiera acarrear para los sujetos responsables del mismo, de manera análoga a lo que les sucede a quienes, pese a la nulidad de su contrato, tiene derecho a percibir la remuneración consiguiente a un contrato válido (art. 9.2 del ET), también aquí el desempeño real y efectivo de los cometidos laborales durante esos excesos de jornada podrán dar lugar, en su caso, a la compensación económica correspondiente. Es decir, el Alto Tribunal, mantiene que la prohibición no tiene porqué modificar la naturaleza y el régimen jurídico de los derechos y obligaciones inherentes a la prestación, porque lo determinante, desde luego a los efectos de su retribución, no sería sino la realidad de esa naturaleza y la efectiva realización del exceso de jornada.

En definitiva, cuando un trabajador contratado a tiempo parcial realiza efectivamente una jornada superior a la pactada, y ese exceso no pueda ser calificado como tiempo u hora «complementaria», bien sea tal cuestión esté fuera de discusión, bien sea porque no se hayan cumplido los requisitos previstos al efecto —STS 09-03-2011—, todo lo que supere en esa materia el contenido del pacto, constituyen horas extraordinarias y como tal han de ser retribuidas, al margen o con independencia de la prohibición legal para efectuarlas.

4.4. Horas complementarias en contrato a tiempo parcial

Se consideran horas complementarias **las realizadas como adición a las horas ordinarias pactadas en el contrato a tiempo parcial,** conforme a las reglas que se estudiarán a continuación (art. 12.5 del ET).

Su realización ha de formalizarse en un **pacto por escrito** y dependerá de lo previsto en el convenio colectivo. En cualquier caso, la realización de horas complementarias es posible para cualquier tipo de contrato a tiempo parcial (temporal o indefinido) cuya jornada semanal no sea inferior a 10 horas en promedio anual.

El **pacto de horas complementarias** deberá recoger el número de horas complementarias cuya realización podrá ser requerida por el empresario y podrá acordarse en el momento de la celebración del contrato a tiempo parcial o con posterioridad al mismo, pero constituirá, en todo caso, un pacto específico respecto al contrato.

La distribución y forma de realización de las horas complementarias pactadas deberá atenerse a lo establecido al respecto en el convenio colectivo de aplicación y en el pacto de horas complementarias. **Salvo que otra cosa se establezca en convenio, el trabajador deberá conocer el día y hora de realización de las horas complementarias con un preaviso de tres días**.

Debiendo respetar, en todo momento, la legislación establecida sobre:

1. Jornada máxima diaria.
2. Descanso durante la jornada diaria continuada.
3. Descanso entre jornadas diarias.
4. Límites de jornada nocturna (Real Decreto 1561/1995, de 21 de septiembre, sobre jornadas especiales de trabajo).
5. Descanso semanal.
6. Otros establecidos por convenio o legislación vigente.

Dentro de las horas complementarias se establece una distinción entre las **pactadas**, de realización obligatoria para el trabajador cuando haya firmado el preceptivo pacto, y las **voluntarias**, que únicamente pueden ser ofrecidas por la empresa en los contratos que tengan una duración indefinida y que, como su denominación indica, son de realización voluntaria para el trabajador.

La suma de las horas ordinarias y complementarias, incluidas las previamente pactadas y las voluntarias, no podrá exceder del límite legal del trabajo a tiempo parcial (prestación de servicios durante un número de horas al día, a la semana, al mes o al año, inferior a la jornada de trabajo de un trabajador a tiempo completo comparable).

Los **extremos** a tener en cuenta sobre las horas complementarias son:

- Los tipos de horas complementarias.
- El número máximo de horas complementarias.
- La distribución y la realización de las horas complementarias.
- La retribución de las horas complementarias.
- La formalización y el registro de las horas complementarias.

4.4.1. Tipos de horas complementarias

Horas complementarias pactadas: contratos a tiempo parcial con una jornada de trabajo no inferior a diez horas semanales en cómputo anual. No podrán exceder del 30 % de las horas ordinarias de trabajo objeto del contrato.

Horas complementarias voluntarias: contratos a tiempo parcial de duración indefinida con una jornada de trabajo no inferior a 10 horas semanales en cómputo anual. No podrá superar el 15 por 100 de las horas ordinarias objeto del contrato.

a) Horas pactadas

- Sólo se podrán formalizar en el caso de contratos a tiempo parcial con una jornada de trabajo no inferior a diez horas semanales en cómputo anual y no podrán exceder del 30 % de las horas ordinarias de trabajo objeto del contrato.

- Los convenios colectivos podrán fijar porcentajes distintos con los límites de un mínimo de 30 % y un máximo de 60 % de las horas ordinarias contratadas.

b) Horas voluntarias

- Solo se prevén para los contratos a tiempo parcial de duración indefinida con una jornada de trabajo no inferior a 10 horas semanales en cómputo anual.

- El número de horas no podrá superar el 15 por 100, ampliables al 30 por 100 por convenio colectivo, de las horas ordinarias objeto del contrato.

- La negativa del trabajador a la realización de estas horas no constituirá conducta laboral sancionable.

- Límite a las horas complementarias: el sumatorio de las horas ordinarias y las complementarias no podrá excederá del límite legal del contrato de trabajo a tiempo parcial.

4.4.2. Número máximo de horas complementarias

Los convenios colectivos podrán establecer otro porcentaje máximo, que, en ningún caso, podrá ser inferior al citado 30 % ni exceder del 60 % de las horas ordinarias contratadas.

El máximo de horas complementarias establecido por el art. 12 del Estatuto de los Trabajadores, se sitúa en el 30 % de la jornada pactada u ordinaria, ampliable al 60 % por convenio colectivo.

El pacto de horas complementarias deberá recoger el número de horas complementarias cuya realización podrá ser requerida por el empresario. **Ha de** tenerse en cuenta en este punto que la legislación prohíbe exceder del 30 por 100 de las horas ordinarias de trabajo objeto del contrato. Los convenios colectivos podrán establecer otro porcentaje máximo, que, en ningún caso, podrá ser inferior al citado 30 por 100 ni exceder del 60 por 100 de las horas ordinarias contratadas.

Sin perjuicio del pacto de horas complementarias, en los contratos a tiempo parcial de duración indefinida con una jornada de trabajo no inferior a diez horas semanales en cómputo anual, el empresario podrá, en cualquier momento, ofrecer al trabajador la realización de horas complementarias de aceptación voluntaria, cuyo número no podrá superar el 15 por 100, ampliables al 30 por 100 por convenio colectivo, de las horas ordinarias objeto del contrato. La negativa del trabajador a la realización de estas horas no constituirá conducta laboral sancionable.

Estas horas complementarias no se computarán a efectos de los porcentajes de horas complementarias cuya realización podrá ser requerida por el empresario.

4.4.3. Distribución y realización de horas complementarias

Un preaviso mínimo de tres días, salvo que el convenio establezca un plazo de preaviso inferior. El empresario sólo podrá exigir la realización de horas complementarias cuando así lo hubiera pactado expresamente con el trabajador.

a) Preaviso para la realización de horas complementarias

El trabajador deberá conocer el día y la hora de realización de las horas complementarias pactadas con un **preaviso mínimo de tres días**, salvo que el convenio establezca un plazo de preaviso inferior.

b) Exigibilidad de realización de horas complementarias

El empresario sólo podrá **exigir la realización de horas complementarias** cuando así lo hubiera pactado expresamente con el trabajador. El pacto sobre horas complementarias podrá acordarse en el momento de la celebración del contrato a tiempo parcial o con posterioridad al mismo, pero constituirá, en todo caso, un pacto específico respecto al contrato. El pacto se formalizará necesariamente por escrito.

Sólo se podrá formalizar un pacto de horas complementarias en el caso de contratos a tiempo parcial con una jornada de trabajo no inferior a diez horas semanales en cómputo anual.

c) Renuncia del trabajador a la realización de horas complementarias

El pacto de horas complementarias podrá quedar sin efecto por **renuncia del trabajador**, mediante un preaviso de quince días, una vez cumplido un año desde su celebración, cuando concurra alguna de las siguientes circunstancias (Directiva 97/81/CE, del Consejo, de 15 de diciembre):

– La atención de responsabilidades familiares (art. 37.6 del ET).

– Por necesidades formativas, siempre que se acredite la incompatibilidad horaria.

– Por incompatibilidad con otro contrato a tiempo parcial.

En caso de la negativa del trabajador a la realización de las horas complementarias, pese a haber sido pactadas, no constituirá conducta laboral sancionable.

e) **Las personas contratadas con contrato de formación en alternancia no podrán realizar horas complementarias,** salvo en el supuesto previsto en el artículo 35.3 del ET [art. 11.2 k) del ET].

4.4.4. Retribución de las horas complementarias

Las horas complementarias efectivamente realizadas **se retribuirán como ordinarias,** computándose a efectos de bases de cotización a la Seguridad Social y períodos de carencia y bases reguladoras de las prestaciones. A tal efecto, el número y retribución de las horas complementarias realizadas se deberá recoger en el recibo individual de salarios y en los documentos de cotización a la Seguridad Social [art. 12.5. j) del ET].

En la STS, rec. 1039/2013 de 11 de junio de 2014, ECLI:ES:TS:2014:3300, la cuestión debatida en casación unificadora se contrae a determinar si las horas de exceso sobre la jornada expresamente pactada por un trabajador contratado a tiempo parcial (14 horas semanales, a realizar los fines de semana, 7 horas los sábados y otras tantas los domingos), excesos amparados en un Acuerdo con el Comité de Empresa de marzo de 2008, deben o no considerarse como horas extraordinarias, para el TS, con independencia de la prohibición de realizarlas, son horas extraordinarias las que, sin tener la condición de complementarias, superan la jornada pactada en el contrato si éste no ha sido expresamente novado o sustituido por otro de mayor duración.

A TENER EN CUENTA. La realización de horas complementarias sólo computa a efectos de la base de cotización, pero no suponen un incremento del coeficiente de parcialidad de la persona trabajadora.

4.4.5. Formalización y registro de las horas complementarias

La realización de horas complementarias habrá de respetar, en todo caso, los límites en materia de jornada y descansos establecidos en el Estatuto de los Trabajadores, relacionados con descansos (art. 34 del ET); trabajo nocturno (art. 36.1 del ET) y descanso semanal acumulable (art. 37.1 del ET).

Pacto de horas complementarias

El empresario sólo podrá exigir la realización de horas complementarias cuando así lo hubiera pactado expresamente con el trabajador.

El pacto sobre horas complementarias podrá acordarse en el momento de la celebración del contrato a tiempo parcial o con posterioridad al mismo, pero constituirá, en todo caso, un pacto específico respecto al contrato.

El pacto se formalizará necesariamente por escrito, recogiendo el número de horas complementarias cuya realización podrá ser requerida por el empresario.

Sólo es posible formalizar un pacto de horas complementarias en el caso de contratos a tiempo parcial con una jornada de trabajo no inferior a diez horas semanales en cómputo anual. Este pacto deberá recoger el número de horas complementarias cuya realización podrá ser requerida por el empresario.

El número de horas complementarias pactadas **no podrá exceder del 30 por 100 de las horas ordinarias de trabajo objeto del contrato**. Los convenios colectivos podrán establecer otro porcentaje máximo, que, en ningún caso, podrá ser inferior al citado 30 por 100 ni exceder del 60 por 100 de las horas ordinarias contratadas.

Los trabajadores tienen derecho a conocer el día y hora de realización de las horas complementarias pactadas con un preaviso mínimo de 3 días (salvo que se establezca un plazo de preaviso inferior en convenio colectivo).

Registro de la jornada de trabajadores a tiempo parcial

La jornada de los trabajadores a tiempo parcial se registrará día a día y se totalizará mensualmente, entregando copia al trabajador, junto con el recibo de salarios, del resumen de todas las horas realizadas en cada mes, tanto las ordinarias como las complementarias (arts. 12, 34, 35.5 del Estatuto de los Trabajadores; 7.5 de la LISOS; Real Decreto-ley 16/2013, de 20 de diciembre y Criterio Técnico OE ITSS n.º 101/2019, sobre actuación de la ITSS en materia de registro de jornada).

El empresario deberá conservar los resúmenes mensuales de los registros de jornada durante un periodo mínimo de cuatro años.

En caso de incumplimiento de las referidas obligaciones de registro, el contrato se presumirá celebrado a jornada completa, salvo prueba en contrario que acredite el carácter parcial de los servicios.

El artículo 12.4.c) del ET impone a las empresas que contraten a tiempo parcial la obligación de llevar un registro de la jornada realizada día a día y de entregar al trabajador una copia del resumen de todas las horas realizadas en cada mes. Se trata con ello de prevenir posibles actuaciones fraudulentas en las que al amparo de una contratación formalmente realizada a tiempo parcial se obligue al trabajador a realizar más horas de las pactadas, con la dificultad que supone para el trabajador acreditar en un proceso posterior el desempeño de una jornada superior. Con este propósito se establece en el precepto una presunción «iuris tantum» para el caso de incumplimiento de las obligaciones de registro, de modo que en tal supuesto el contrato se presume celebrado a jornada completa. Ciertamente se trata de una presunción que admite prueba en contrario por parte del empresario, de modo que recae sobre él la carga de acreditar que la jornada desempeñada por el trabajador coincide con la pactada en el contrato. (STJS de la Comunidad Valenciana n.º 954/2020, de 10 de marzo de 2020, ECLI:ES:TSJCV:2020:3405).

4.4.6. Entrega a la RLT de copia de los pactos de horas complementarias

Artículo 8.4 del Estatuto de los Trabajadores

«4. El empresario entregará a la representación legal de los trabajadores una copia básica de todos los contratos que deban celebrarse por escrito, a excepción de los contratos de relación laboral especial de alta dirección sobre los que se establece el deber de notificación a la representación legal de los trabajadores.

Con el fin de comprobar la adecuación del contenido del contrato a la legalidad vigente, esta copia básica contendrá todos los datos del contrato a excepción del número del documento nacional de identidad o del número de identidad de extranjero, el domicilio, el estado civil, y cualquier otro que, de acuerdo con la Ley Orgánica 1/1982, de 5 de mayo, de protección civil del derecho al honor, a la intimidad personal y familiar y a la propia imagen, pudiera afectar a la intimidad personal. El tratamiento de la información facilitada estará sometido a los principios y garantías previstos en la normativa aplicable en materia de protección de datos.

La copia básica se entregará por el empresario, en plazo no superior a diez días desde la formalización del contrato, a los representantes legales de los trabajadores, quienes la firmarán a efectos de acreditar que se ha producido la entrega.

Posteriormente, dicha copia básica se enviará a la oficina de empleo. Cuando no exista representación legal de los trabajadores también deberá formalizarse copia básica y remitirse a la oficina de empleo».

Del mismo modo, el art. 64.2 c) del ET dispone que los representantes de los trabajadores tienen derecho a ser informados trimestralmente sobre: *«c) Sobre las previsiones del empresario de celebración de nuevos contratos, con indicación del número de estos y de las modalidades y tipos que serán utilizados, incluidos los contratos a tiempo parcial, la realización de horas complementarias por los trabajadores contratados a tiempo parcial y de los supuestos de subcontratación».*

Recientemente la **STS, n.° 207/2021, de 16 de febrero de 2021. ECLI:ES:TS:2021:648**, realizando una interpretación más amplia del literal de la norma, ha concluido que **es necesario proporcionar a la RLT el pacto sobre horas complementarias**.

«(...) para la plena efectividad de las competencias descritas en la materia que nos ocupa, resulta vital el conocimiento del pacto sobre horas complementarias, pues tal acuerdo es el encargado por la ley de administrar la realización de dichas horas, pero sujeto a las exigencias y limitaciones que la propia ley establece».

RESOLUCIONES RELEVANTES

SAN n.° 185/2018, de 28 de noviembre, ECLI:ES:AN:2018:4683

Ha considerado que los pactos de horas complementarias constituyen «claramente» modificaciones del objeto del contrato, que deben notificarse a la RLT, cuando así lo disponga el convenio colectivo. Si no se hiciera así, la comunicación sobre las horas complementarias realizadas no permitiría que la RLT constatar si dichas horas superaron las pactadas e incluso las previsiones legales, que limitan el número de horas complementarias, que se pueden realizar.

STSJ Andalucía, rec. 1747/2011 de 17 de enero de 2013, ECLI:ES:TSJAND:2013:24

Confirmando la resolución denegatoria de instancia, desestimó la demanda rectora de los autos al considerar que **la retribución satisfecha por la empleadora en compensación de la realización de una jornada superior a la expresamente pactada en el contrato individual había sido la correcta, sin que debiera haberse abonado el exceso como horas extraordinarias.**

En síntesis, razona que, conforme al art. 12.4. c) del ET, en la redacción anterior a las modificaciones introducidas al respecto tanto por la Ley 3/2012 como por el más reciente aún RD-ley 16/2013, aplicable al caso porque las cantidades reclamadas obedecían a excesos de jornada efectuados en el período comprendido entre los años 2008 y 2009, los trabajadores con contrato a tiempo parcial no podían realizar horas extraordinarias, salvo en los supuestos excepcionales del ar. 35.3 del ET (prevenir o reparar siniestros y otros daños extraordinarios y urgentes), y que las horas trabajadas por la demandante que excedieron de la jornada parcial pactada en su contrato (14) tampoco podían reputarse como complementarias al no haberse acordado su realización en los términos exigidos por el apartado 5 del mismo art. 12 del ET y exceder con mucho la limitación del 60 % de las horas contratadas que, para tales complementarias, impone el epígrafe c) de dicho precepto.

En consecuencia, las horas trabajadas en exceso sobre la jornada parcial expresamente pactada en el contrato, que no superaron nunca la jornada completa y ordinaria de trabajo (35 horas semanales: hecho probado 4.º), solo le daban derecho a su abono como horas ordinarias, no como extraordinarias, siendo así como le habían sido satisfechas.

4.5. Vacaciones en un trabajo a tiempo parcial

El derecho a 30 días naturales de vacaciones fijado por el art. 38 ET es **independiente de la duración de la jornada o la existencias de contrato a tiempo completo o parcial.**

El art. 38 del Estatuto de los Trabajadores, establece que el período de vacaciones anuales retribuidas, no sustituibles por compensación económica, será el pactado en convenio colectivo o contrato individual, **no pudiendo, en ningún caso, ser inferiores a 30 días naturales**. Los trabajadores con jornadas de trabajo inferiores a las de tiempo completo tendrán derecho a los mismos días de vacaciones que éstos, **la diferencia se encontrará en el salario percibido durante el periodo vacacional donde efectivamente opera la regla de proporcionalidad.** Igualmente, el art. 12.4 d) del ET, afirma: «*Los trabajadores a tiempo parcial tendrán los mismos derechos que los trabajadores a tiempo completo*».

A TENER EN CUENTA. Muchas personas creen que los trabajadores a tiempo parcial tienen la mitad de las vacaciones que otros que lo hacen a tiempo completo. Sin embargo, el artículo 38 del Estatuto de los Trabajadores establece que los trabajadores a tiempo parcial tienen derecho a 30 días de vacaciones retribuidas anuales.

En el caso de los **contratos a tiempo parcial,** las vacaciones se calculan **en relación a las jornadas trabajadas.** A modo de ejemplo:

Si se fijasen las vacaciones según los días naturales, **se comprenderá que los domingos y los festivos forman parte del periodo de cálculo vacacional.**

La duración de estas vacaciones no está vinculada a la duración de la jornada laboral, sino a la duración del contrato de trabajo (STSJ de Cantabria, rec. 173/2002, de 15 de marzo de 2002, ECLI:ES:TSJCANT:2002:529). A modo de ejemplo:

a) Vacaciones prestando servicios a tiempo parcial todos los días de la semana

Dado que se presta servicios todos los días de la semana se genera derecho a 30 días naturales o los establecidos por convenio de forma idéntica que para un trabajador a tiempo completo comparable.

b) Vacaciones prestando servicios a tiempo parcial ciertos días de la semana

A pesar de prestarse servicios ciertos días de la semana (sábados por ej.) se genera derecho a 30 días naturales o los establecidos por convenio de forma idéntica que para un trabajador a tiempo completo comparable.

La diferencia en estos casos la encontramos en los días que se deja de prestar servicios (si el trabajador se encuentra de vacaciones del 1 al 30 de agosto, al trabajar por ej. sólo los sábados, en la práctica habrá dejado de trabajar cuatro días laborables (los sábados de agosto). Si optase por coger vacaciones entre el 1 y el 15 de agosto, le **corresponden** como vacaciones los dos sábados del intervalo, teniendo aún disponible los sábados de otro intervalo de 15 días.

c) Vacaciones ante la transformación de un contrato a tiempo parcial en tiempo completo o viceversa

El número de días no variará. Se genera derecho a 30 días naturales o los establecidos por convenio. En este sentido la STJUE n.º C-486/08, de 22 de abril de 2010, establece:

«(...) el disfrute de las vacaciones anuales en un período posterior al período de referencia no tiene ninguna relación con la jornada de trabajo realizada por el trabajador durante dicho período posterior. Por tanto, la modificación, y, en particular, la disminución de la jornada de trabajo de tiempo completo a tiempo parcial no puede reducir el derecho a las vacaciones anuales que el trabajador ha adquirido durante el período de trabajo a tiempo completo».

CUESTIONES

A un trabajador con un contrato de dos horas diarias de lunes a viernes, ¿le corresponderá el mismo número de días de vacaciones que a un empleado contratado a tiempo completo durante el mismo número de días?

Sí. Corresponderá (como mínimo) a ambos 22 días laborables o 30 días naturales según se especifique en convenio.

JURISPRUDENCIA

STS n.º 394/2020, de 22 de mayo de 2020, ECLI:ES:TS:2020:1455

Analizando la retribución de las vacaciones en los supuestos en los que durante el año ha habido ampliaciones de jornada. El TS entiende que la retribución de las vacaciones debe integrar la parte proporcional correspondiente a dichas ampliaciones.

«Difícilmente podría cumplirse el principio de no discriminación entre trabajadores a tiempo completo y trabajadores a tiempo parcial si admitiésemos que la retribución de las vacaciones de estos últimos estuviese condicionada por la jornada que realicen en el momento del disfrute de las vacaciones, mientras que al personal a tiempo completo les garantizamos la retribución ordinaria o habitual percibida a lo largo del año, según hemos reiterado en las sentencias de esta Sala ya mencionadas. Para el trabajador a tiempo parcial, cuando a lo largo del año celebra novaciones contractuales que amplían su jornada temporalmente, su retribución ordinaria es, precisamente, la que resulta de promediar lo percibido a lo largo del año, tal como hemos expuesto».

RESOLUCIONES RELEVANTES

STSJ de Cataluña, rec. 5908/2011, de 18 de enero de 2012, ECLI:ES:TSJCAT:2012:513

«Para terminar, en cuanto al disfrute de las vacaciones: el art. 6 de la segunda parte del Convenio Colectivo 'El número de días de vacaciones que corresponden a los trabajadores fijos de actividad continuada a tiempo parcial, son los mismos que a los de actividad continuada a tiempo completo, en la parte proporcional al número de días trabajados'. Dicho precepto cumple con lo establecido en el art. 12.4 d) del ET establece para los trabajadores a tiempo parcial, los mismos derechos que los trabajadores a tiempo completo, añadiendo la previsión de que en las disposiciones legales o reglamentarias o en virtud de Convenio, se podía regular tales derechos de forma proporcional al tiempo trabajado».

SAN n.º 99/2018, de 14 de junio de 2018, ECLI:ES:AN:2018:2482

Se pretende que se tenga en cuenta el porcentaje de jornada de los trabajadores a tiempo parcial para abonarles las horas trabajadas. Se desestima la excepción de falta de legitimación activa del sindicato accionante pues posee implantación suficiente. Se desestima la demanda, pues, contrariamente a lo que postula la parte actora, no cabe calcular el salario/hora que correspondería a los trabajadores a tiempo parcial dividiendo el salario anual de convenio —que incluye retribución de vacaciones- entre las horas de la jornada anual de convenio -que no incluye las vacaciones—.

SAN n.º 99/2018, de 14 de junio de 2018, ECLI:ES:AN:2018:2482

Según la AN (con un voto particular discrepante), a la hora de retribuir las vacaciones de los trabajadores a tiempo parcial, la jornada y el salario establecidos en el convenio no son parámetros equivalentes.

Para la Sala de lo Social, *«La jornada de convenio y el salario de convenio no son parámetros equivalentes, pues, mientras el salario anual comprende, además de la prorrata de pagas extraordinarias, la retribución correspondiente a vacaciones, la jornada anual recoge exclusivamente las horas de trabajo efectivo —excluidas, por tanto, las vacaciones—*.

En consecuencia, *«Si el salario de convenio incluye la retribución a percibir durante las vacaciones, no cabe dividirlo sin más entre las horas que son exclusivamente de trabajo efectivo y pretender que ese es el valor de la hora de trabajo».* En casos como el analizado, *el valor hora del trabajo a tiempo parcial realizado será «el valor de la hora de trabajo más la parte proporcional de la retribución por vacaciones».* Es decir, los días de vacaciones han de computarse para calcular la hora de salario.

SAN n.º 99/2018, de 14 de junio de 2018, ECLI:ES:AN:2018:2482

No resulta contraria a derecho la práctica empresarial según la cual durante el periodo vacacional la retribución se computa en función de la jornada vigente en el momento del disfrute, pues *«en principio no produce efecto disuasorio alguno pues ello implica que el trabajador tiene garantizado durante su periodo de vacaciones el salario que hubiera percibido en caso de no haber disfrutado de tal periodo vacacional».*

Cuestión distinta, sería que la empresa en casos particulares pueda hacer un uso fraudulento de las ampliaciones de jornada para minorar la retribución del periodo vacacional, lo cual, en el supuesto analizado, no ha resultado acreditado.

4.6. Descansos y permisos en contratos a tiempo parcial

Al colectivo analizado le resultarán de aplicación los periodos mínimos de **descanso diario y semanal** previstos en la ley:

a) Descanso mínimo entre jornadas: será de 12 horas; en jornada continuada que exceda de 6 horas y durante la misma, 15 minutos, que se considerarán tiempo de trabajo cuando se pacte. Los menores de 18 años treinta minutos cuando exceda de cuatro horas y media (art. 34.3.1.º del ET).

b) Descanso mínimo semanal: día y medio ininterrumpidos, acumulables por períodos de hasta catorce días. Los menores de 18 años dos días consecutivos (art. 37.1 del ET).

c) Descanso durante la jornada: siempre que la duración de la jornada diaria continuada exceda de seis horas, deberá establecerse un periodo de descanso durante la misma de duración no inferior a quince minutos. Este periodo de descanso se considerará tiempo de trabajo efectivo cuando así esté establecido o se establezca por convenio colectivo o contrato de trabajo (art. 34.4 del ET).

Todos los trabajadores tienen derecho a **permisos retribuidos** para ausentarse de su puesto de trabajo, previo aviso y justificación, por alguno de los motivos regulados en el art. 37.3 del ET (STS n.º 369/2016, de 3 de mayo de

2016, ECLI:ES:TS:2016:2740). No obstante, mediante negociación colectiva, en atención a su naturaleza, tales derechos podrán ser reconocidos en los convenios colectivos de manera proporcional al tiempo trabajado. (STS, rec. 103/2005, de 15 de septiembre de 2006, ECLI:ES:TS:2006:7555).

Permiso de cuidado del lactante en contratos con jornada a tiempo parcial

En lo que ahora interesa, el art. 37.4 ET dispone que:

> «En los supuestos de nacimiento, adopción, guarda con fines de adopción o acogimiento, de acuerdo con el artículo 45.1.d), las personas trabajadoras tendrán derecho a una hora de ausencia del trabajo, que podrán dividir en dos fracciones, para el cuidado del lactante hasta que este cumpla nueve meses. La duración del permiso se incrementará proporcionalmente en los casos de nacimiento, adopción, guarda con fines de adopción o acogimiento múltiples.
>
> Quien ejerza este derecho, por su voluntad, podrá sustituirlo por una reducción de su jornada en media hora con la misma finalidad o acumularlo en jornadas completas». **(Redacción con efectos de 21/12/2023, según art. 1.1 del Real Decreto-ley 7/2023, de 19 de diciembre).**

Es decir, con efectos de 21/12/2023, con carácter general el permiso podrá ejercitarse bajo las tres diferentes posibilidades con indiferencia de lo que establezca el convenio colectivo:

– Ausencia de 1 hora diaria (o en 2 fracciones).
– Reducir media hora la jornada laboral.
– Acumular jornadas completas.

Acumulación de jornadas por lactancia en los trabajadores a tiempo parcial

La reciente STS, rec. 2978/2022, de 21 de noviembre de 2023, ECLI:ES:TS:2023:5160, analiza cómo debe calcularse la acumulación de jornadas por lactancia de los trabajadores a tiempo parcial, en un supuesto en el que el convenio colectivo de aplicación no regula esa materia (remite de forma genérica al art. 37.4 del ET).

Si los trabajadores a tiempo parcial tienen derecho a una hora de ausencia del puesto de trabajo, debe dividirse el número total de días laborables que restan hasta la fecha en que el menor alcance el límite de edad establecido, entre las horas de trabajo correspondientes a la jornada de la persona trabajadora.

A TENER EN CUENTA. Este método de cálculo supone que los trabajadores a tiempo parcial pueden disponer de un mayor número de jornadas de trabajo acumuladas que los trabajadores a tiempo completo, pero acabarán disfrutando de igual número de horas de permiso. Posible número de días de acumulación

> de jornada superior en el caso de los trabajadores a tiempo parcial a los que correspondería a los trabajadores a tiempo completo.

Como es sabido, no puede tratarse a los trabajadores a tiempo parcial de manera menos favorable que a los trabajadores a tiempo completo comparables, a menos que se justifique un trato diferente por razones objetivas. [art. 12.4.d) de ET, en trasposición de la cláusula 4 del Acuerdo Marco sobre el trabajo a tiempo parcial (Directiva 97/81/CE del Consejo, de 15 de diciembre de 1997)].

Llevando el principio de no discriminación al caso analizado, *«(...) el derecho de ausentarse una hora del puesto de trabajo debe aplicarse exactamente por igual a todos los trabajadores que solicitan el permiso de lactancia, ya sean a tiempo completo o parcial, sin que quepa una reducción proporcional a la menor duración de la jornada de los trabajadores a tiempo parcial»*. Dado que el precepto legal no contempla ninguna distinción a estos efectos en función de la mayor o menor duración de la jornada. No hay razones objetivas que pudieren justificar el distinto tratamiento de unos y otros trabajadores, en tanto que la finalidad del permiso es la de atender las ineludibles necesidades nutricionales que requiere la crianza de un menor de nueve meses, que son, obviamente, las mismas, cualquiera que sea la jornada de trabajo de sus progenitores.

CUESTIONES

1. ¿Cuál es la fórmula adecuada para realizar el cálculo de la acumulación en jornadas completas de trabajo en caso de trabajadores a tiempo parcial?

La fórmula que debe utilizarse para cuantificar los días laborables acumulados de permiso, es la de **dividir el número total de días laborables que restan hasta la fecha en la que el menor cumple los nueve meses** —o la mayor edad que, en su caso, pueda fijar el convenio—, **por las horas de trabajo que se corresponden con la jornada de la persona trabajadora.**

La cifra resultante de esa división será el número de días laborables acumulados que deben reconocerse al trabajador que opta por activar esa modalidad.

Esto es así, porque si el permiso consiste en el derecho a una hora de ausencia diaria del puesto de trabajo, tanto para los trabajadores a tiempo completo como a tiempo parcial, esto supone que el número total de horas que deben acumularse son tantas como días laborables queden para que el menor alcance la edad hasta la que se extienda la duración máxima del permiso.

Ese es el número de horas que el trabajador puede acumular en jornadas completas de trabajo, lo que, lógicamente, determina que el trabajador a tiempo parcial necesite más días para alcanzar ese mismo resultado. Se trata de que el total de jornadas de trabajo acumuladas se corresponda finalmente con el del número de horas a las que tendría derecho a ausentarse en ejercicio del permiso.

2. ¿Qué sucedería si se aplica la norma general a los trabajadores a tiempo parcial?

Si la fórmula utilizada es la de dividir el número de días que quedan hasta el cumplimiento de la edad máxima del menor, por las ocho horas de la jornada ordinaria de trabajo, no se causa perjuicio alguno a los trabajadores a tiempo completo que disfrutaran finalmente de un total de días acumulados equivalentes a la hora diaria de ausencia del puesto de trabajo en la que el consiste el permiso.

Pero si se aplica esa misma regla a los trabajadores a tiempo parcial, que realizan una jornada inferior a la ordinaria de ocho horas diarias, sucede que **los días acumulados resultantes no serían equivalentes al total de número de horas de permiso que les corresponden por esa hora diaria y hasta aquella misma fecha en la que el menor alcance la edad de referencia.**

En definitiva, se trata de que el número total de horas de permiso sea finalmente el mismo, tanto si se utiliza diariamente mediante la ausencia de una hora del puesto de trabajo, como si se hace bajo la modalidad alternativa de acumularlo en jornadas completas.

Como asevera el TS, «*Al final, todos los trabajadores dispondrán del mismo número de horas acumuladas de lactancia, sin que eso suponga que el trabajador a tiempo parcial llegue a disfrutar más horas que los que prestan servicio a tiempo completo*».

3. Desde que se reincorporan al trabajo tras la maternidad y hasta que el menor cumple nueve meses: 113 días laborables con derecho a lactancia, ¿cuánto tiempo corresponde de acumulación de lactancia en los supuestos planteados?: a) Trabajador con jornada de 8 hs./día; b) Trabajador con jornada de 4 hs./día.

a) Trabajador con jornada de 8 hs./día:

113 días / 8 horas/día: **14,13 días** de permiso de lactancia acumulado para la persona trabajadora a tiempo completo.

b) Trabajador con jornada de 4 hs./día:

113 días / 4 horas/día: **28,25 días** de permiso de lactancia acumulado para la persona trabajadora a tiempo parcial en el supuesto planteado.

Si el cálculo a) se aplicase a las personas trabajadoras a tiempo parcial, mientras los trabajadores a tiempo completo disfrutarán en toda su extensión de las 113 horas de permiso que les corresponden, a razón de 8 horas diarias por cada uno de esos 14,13 días acumulados, los que prestan servicios a tiempo parcial tan solo alcanzan la cifra de 56,52 horas de permiso efectivo en ese mismo periodo de 14,13 días, al ser su jornada diaria de 4 horas de trabajo.

JURISPRUDENCIA

STS n.º 419/2018, de 19 de abril de 2018, ECLI:ES:TS:2018:1613

La modalidad de disfrute del permiso en jornadas completas supone «acumular» en días laborables todas las horas de ausencia a las que se tiene derecho a razón de una hora diaria de trabajo, y esa es la única fórmula adecuada para que ambos factores coincidan.

4.7. Ampliación temporal de la jornada laboral en contratos a tiempo parcial

Siguiendo lo analizado en el punto «Conversión de un trabajo a tiempo completo en un trabajo parcial y viceversa», **el art. 12.4. e) del ET no prohíbe que la novación de un contrato a tiempo parcial en uno a tiempo completo (o viceversa) pueda tener una limitación temporal.** Es decir, sería válido un acuerdo novatorio válidamente suscrito por las partes acordando una prestación de servicios a jornada completa durante cierto tiempo.

De esta forma, el empresario no puede imponer de manera unilateral la transformación de un contrato a tiempo completo en uno a tiempo parcial, ni puede obligar al trabajador a convertir un contrato a tiempo parcial en otro a tiempo completo. Es necesario para ello contar con la aquiescencia del trabajador. Así, la conversión conforma una novación contractual que tiene que canalizarse contando siempre con la voluntad del trabajador, siendo imposible legalmente efectuar la transformación a través del cauce del artículo 41 del ET mediante modificación sustancial de las condiciones de trabajo.

Analizando este supuesto, la STSJ de Navarra, rec. 234/2020, de 26 de noviembre de 2020, ECLI:ES:TSJNA:2020:473, ha validado esta posibilidad:

> «De esta forma, se produjo una novación contractual a través de la cual las partes, libre y voluntariamente, acordaron modificar la jornada a realizar por el trabajador pasando de una jornada parcial de 8 horas semanales a otra completa de 40 horas a la semana, durante un tiempo determinado (del 5 de agosto al 31 de diciembre de 2019).
>
> Pues bien, el tenor literal del artículo 12.4 e) del ET no prohíbe que la novación de un contrato a tiempo parcial en uno a tiempo completo, o viceversa, pueda tener una limitación temporal. De dicho precepto no se desprende que solo sea posible la transformación contractual si la misma es por un tiempo indefinido y, a este respecto, tampoco la norma convencional aplicable efectúa previsión alguna.
>
> Lo único que exige la norma es que la transformación cuente con la voluntad del trabajador y que, evidentemente, en dicha voluntad no se aprecie vicio alguno que anule o invalide el consentimiento prestado. Así, la conversión contractual a la que nos referimos requiere un acuerdo entre empresario y trabajador que recoja la expresión del consentimiento por parte del trabajador, consentimiento que, en principio, debe presumirse libre y conscientemente emitido y manifestado, y recaído sobre la cosa y la causa que han de constituir el contrato».

5.
COTIZACIÓN DE LOS CONTRATOS A TIEMPO PARCIAL AÑO 2024

La orden de cotización anual adapta las bases de cotización establecidas con carácter general a los supuestos de contratos a tiempo parcial.

5.1. Reglas de cálculo de las bases de cotización

1. La cotización a la Seguridad Social, desempleo, Fondo de Garantía Salarial y formación profesional derivada de los contratos de trabajo a tiempo parcial se efectuará en razón de la remuneración efectivamente percibida en función de las horas trabajadas en el mes que se considere.

2. Para determinar la base de cotización mensual correspondiente a las contingencias comunes se aplicarán las siguientes normas:

   I. Se computará la remuneración devengada por las horas ordinarias y complementarias en el mes a que se refiere la cotización, cualquiera que sea su forma o denominación, con independencia de que haya sido satisfecha diaria, semanal o mensualmente.

   II. A dicha remuneración se adicionará la parte proporcional que corresponda en concepto de descanso semanal y festivos, pagas extraordinarias y aquellos otros conceptos retributivos que tengan una periodicidad en su devengo superior a la mensual o que no tengan carácter periódico y se satisfagan dentro del año en curso.

   III. Si la base de cotización mensual, calculada conforme a las normas anteriores, fuese inferior a las bases mínimas de cotización por contingencias comunes o superior a las máximas establecidas con carácter general para los distintos grupos de categorías profesionales, se tomarán estas o aquellas, respectivamente, como bases de cotización.

3. Para determinar la base de cotización por las contingencias de accidentes de trabajo y enfermedades profesionales, desempleo, Fondo de Garantía Salarial y formación profesional, se computará la remuneración correspondiente a las horas extraordinarias motivadas por fuerza mayor realizadas, teniéndose en cuenta las normas I y II del apartado anterior.

4. En ningún caso, la base así obtenida podrá ser superior al **tope máximo** (4.720,50 euros mensuales) ni inferior al **mínimo** (7,59 euros por cada hora trabajada) fijado anualmente.

5.2. Bases de cotización

5.2.1. Cotización máxima y mínima de los trabajadores a tiempo parcial

Para trabajadores con contratos a tiempo parcial, las base máxima de cotización coincidirá con la fijada para los trabajadores a jornada completa y la base mínima por hora queda fijada por la orden de cotización según el grupo de tarifa aplicable.

CUESTIONES

1. Según convenio colectivo una jefe administrativo y de taller (grupo de cotización n.º 3) a tiempo completo realiza una jornada de 176 horas mensuales. Un compañero de su mismo categoría profesional trabaja una jornada parcial al 65% de la ordinaria. ¿Cómo se calculará la base mínima de cotización del trabajador a tiempo parcial?

a) Tope mínimo de cotización

Debemos aplicar la siguiente fórmula:

Horas/mes trabajador a jornada completa x porcentaje de jornada parcial = Horas mes trabajador a jornada parcial.

Horas mes trabajador a jornada parcial x base mínima según orden de cotización = Base mínima aplicable.

En nuestro ej.:

176 horas jornada completa x 65% de jornada parcial = 88 horas realizadas mensualmente por el trabajador a jornada parcial.

88 horas/mes x 7,65 euros/h. establecidos como base mínima por hora para el grupo de cotización n.º 3 en el año 2024= 673.20 euros como base de cotización mínima para el trabajador a tiempo parcial.

b) Tope máximo de cotización

Se tomará como referencia al base máxima establecida con carácter general para los trabajadores a tiempo completo sin aplicar ningún tipo de porcentaje. Para el año 2024: 4.720,50 euros mensuales.

2. ¿Es posible que la base de cotización de un trabajador a tiempo parcial varíe de un mes a otro?

Sí. Dependerá de las horas trabajadas en ese mes.

5.2.2. Bases de cotización por contingencias comunes según horas realizadas aplicables a los contratos de trabajo a tiempo parcial

La base mínima mensual de cotización será el resultado de multiplicar el número de horas realmente trabajadas por la base mínima horaria.

Desde el 1 de enero de 2024 (BASES DE COTIZACIÓN PROVISIONALES TOMANDO COMO REFERENCIA LA ORDEN DE COTIZACIÓN 2023):

Grupo de cotización	Categorías profesionales	Base mínima por hora/euros
1	Ingenieros y Licenciados. Personal de alta dirección no incluido en el artículo 1.3.c) del Estatuto de los Trabajadores. Ingenieros técnicos, peritos y ayudantes titulados	10,60
2	Ingenieros técnicos, peritos y ayudantes titulados	8,79
3	Jefes administrativos y de taller	7,65
4	Ayudantes no titulados	7,59
5	Oficiales administrativos	7,59
6	Subalternos	7,59
7	Auxiliares administrativos	7,59
8	Oficiales de primera y segunda	7,59
9	Oficiales de tercera y Especialistas	7,59
10	Trabajadores mayores de dieciocho años no cualificados	7,59
11	Trabajadores menores de dieciocho años, cualquiera que sea su categoría profesional	7,59

5.2.3. Bases de cotización por contingencias profesionales, desempleo, formación profesional, FOGASA y MEI aplicable a los contratos de trabajo a tiempo parcial

Para determinar la base de cotización para las contingencias de accidentes de trabajo y enfermedades profesionales, así como para desempleo, fondo de garantía salarial y formación profesional se aplican las mismas reglas que para las contingencias comunes incluyendo como concepto computable las horas extraordinarias.

5.2.4. Bases de cotización por horas extraordinarias aplicable a los contratos de trabajo a tiempo parcial

La remuneración que obtengan los trabajadores a tiempo parcial por el concepto de horas extraordinarias motivadas por fuerza mayor a las que se refiere el art. 35.3 del Estatuto de los Trabajadores queda sujeta a la cotización adicional establecida en la Orden Anual de cotización.

Desde el 1 de enero de 2024 se ha creado una cotización adicional correspondiente al mecanismo de equidad intergeneracional —MEI—. Tras las últimas modificaciones realizadas, esta cotización finalista se irá incrementando hasta un 1,20% a partir de 2029.

5.2.5. Bases de cotización durante los supuestos de incapacidad temporal, riesgo durante el embarazo, riesgo durante la lactancia natural, nacimiento y cuidado del menor y ejercicio corresponsable del cuidado del lactante

Durante las situaciones de incapacidad temporal, riesgo durante el embarazo, riesgo durante la lactancia natural, nacimiento y cuidado del menor y ejercicio corresponsable del cuidado del lactante la base diaria de cotización será la base reguladora diaria de la correspondiente prestación. En las situaciones de incapacidad temporal y nacimiento y cuidado del menor en las que no se haya causado derecho al respectivo subsidio, la base diaria de cotización se calculará, asimismo, en función de la base reguladora diaria de la prestación que hubiera correspondido de haberse causado derecho a la misma.

Esta base de cotización se aplicará durante todos los días naturales en que el trabajador permanezca en alguna de las situaciones antes indicadas.

> **A TENER EN CUENTA.** Con efectos de 01/10/2023, la jornada a tiempo parcial computa como un día entero cotizado a efectos de acreditar los períodos de cotización necesarios para el reconocimiento de las pensiones de jubilación, incapacidad permanente, muerte y supervivencia, incapacidad temporal, nacimiento y cuidado del menor (art. 247 de la LGSS). Posteriormente analizaremos las reglas para el cálculo de la **cuantías de las prestaciones** de los **trabajadores a tiempo parcial**.

5.2.6. Bases de cotización en la situación de pluriempleo

Cuando el trabajador preste sus servicios en dos o más empresas en régimen de contratación a tiempo parcial, cada una de ellas cotizará en razón de la remuneración que le abone. Si la suma de las retribuciones percibidas sobrepasase el tope máximo de cotización a la Seguridad Social, este se distribuirá en proporción a las abonadas al trabajador en cada una de las empresas.

5.2.7. Bases de cotización en los supuestos de trabajo concentrado en períodos inferiores a los de alta

En aquellos supuestos en que los trabajadores hayan acordado con su empresa que la totalidad de las horas de trabajo que anualmente deben realizar se presten en determinados períodos de cada año, percibiendo todas las remuneraciones anuales o las correspondientes al período inferior de que se trate, en esos períodos de trabajo concentrado, existiendo períodos de inactividad superiores al mensual, la cotización a la Seguridad Social se efectuará de acuerdo con las siguientes reglas (arts. 65.3 del Real Decreto 2064/1995, de 22 de diciembre y 40 de la Orden PCM/74/2023, de 30 de enero):

I. La base de cotización se determinará al celebrarse el contrato de trabajo y al inicio de cada año en que el trabajador se encuentre en dicha situación, computando el importe total de las remuneraciones que tenga derecho a percibir el trabajador a tiempo parcial en ese año, con exclusión en todo caso de los importes correspondientes a los conceptos no computables en la base de cotización a la Seguridad Social (art. 23 del Real Decreto 2064/1995, de 22 de diciembre).

II. El importe obtenido se prorrateará entre los doce meses del año o del período inferior de que se trate, determinándose de este modo la cuantía de la base de cotización correspondiente a cada uno de ellos y con independencia de que las remuneraciones se perciban íntegramente en los períodos de trabajo concentrado o de forma prorrateada a lo largo del año o período inferior respectivo.

III. La base mensual de cotización, calculada conforme a las reglas anteriores, no podrá ser inferior al importe de las bases mínimas que resulten de lo dispuesto en tabla anterior.

IV. Si al final del ejercicio o período inferior de que se trate, el trabajador con contrato a tiempo parcial, subsistiendo su relación laboral, hubiese percibido remuneraciones por importe distinto al inicialmente considerado en ese año o período para determinar la base mensual de cotización durante el mismo, conforme a las reglas anteriores, se procederá a realizar la correspondiente regularización.

A tal efecto, el empresario deberá o bien practicar la correspondiente liquidación complementaria de cuotas por las diferencias en más y efectuar el pago dentro del mes de enero del año siguiente o del mes siguiente a aquel en que se extinga la relación laboral, o bien solicitar, en su caso, la devolución de las cuotas que resulten indebidamente ingresadas.

V. Asimismo, la Administración de la Seguridad Social podrá efectuar de oficio las liquidaciones de cuotas y acordar las devoluciones solicitadas que sean procedentes, en especial, en los supuestos de extinción de la relación laboral de estos trabajadores con contrato a tiempo parcial por jubilación ordinaria o anticipada, por reconocimiento de la pensión por incapacidad permanente, por fallecimiento o por cualquier otra causa, con la consiguiente baja en el régimen correspondiente de la Seguridad Social y cese en la obligación de cotizar.

Lo previsto no se aplicará a los trabajadores fijos-discontinuos (art. 16 del ET), de acuerdo con lo dispuesto en la D.A. 3.ª del Real Decreto 1131/2002, de 31 de octubre, por el que se regula la Seguridad Social de los trabajadores contratados a tiempo parcial, así como la jubilación parcial.

5.2.8. Bases de cotización en los supuestos de jornada reducida por guarda legal o cuidado directo de un familiar

En el caso de trabajadores (art. 37 del Estatuto de los Trabajadores) y empleados públicos (arts. 48-49 del Real Decreto Legislativo 5/2015, de 30 de octubre) que realicen una jornada reducida con disminución proporcional de sus retribuciones, la cotización se efectuará en función de las retribuciones que perciban sin que, en ningún caso, la base de cotización pueda ser inferior a la cantidad resultante de multiplicar las horas realmente trabajadas en el mes a que se refiere la cotización por las bases mínimas horarias señaladas.

5.2.9. Base mínima de cotización respecto de los socios de cooperativas de trabajo asociado, en los supuestos de contrato a tiempo parcial

La base de cotización por contingencias comunes y profesionales de los socios trabajadores de cooperativas de trabajo asociado que hubieran optado en sus estatutos por asimilar a los socios trabajadores a trabajadores por cuenta ajena, incluidos en razón de la actividad de la cooperativa en el Régimen General, en el Régimen Especial de los Trabajadores del Mar o en el Régimen Especial para la Minería del Carbón, en los supuestos de prestación de servicios a tiempo parcial, no podrá ser inferior a las cuantías que para los diferentes grupos de cotización se indican a continuación (BASES DE COTIZACIÓN PROVISIONALES TOMANDO COMO REFERENCIA LA ORDEN DE COTIZACIÓN 2023):

Grupo de cotización	Base mínima mensual
1	791,70 euros
2	583,80 euros
3	507,60 euros
4 a 11	504,00 euros

Con independencia de las bases mínimas establecidas en la tabla anterior, si la base de cotización calculada en función del número de horas trabajadas fuese superior a las de la tabla, se deberá cotizar por dicha base de cotización.

5.3. Tipo de cotización para los contratos a tiempo parcial

Durante el año año 2024 (TOMANDO COMO REFERENCIA LA ORDEN DE COTIZACIÓN 2023):

– Para las contingencias comunes: 23,60 por 100 (23,60 a cargo de la empresa y 4,70 a cargo del trabajador).

– Para las contingencias profesionales: Según tarifa de primas AT y EP aplicable.

– Por desempleo:

  • Contratos indefinidos a tiempo parcial: 7,05 por 100 (5,50 a cargo de la empresa y 1,55 a cargo del trabajador).

  • Contrato duración determinada a tiempo parcial: 8,30 por 100 (6,70 a cargo de la empresa y 1,30 a cargo del trabajador).

– Para el mecanismo de equidad intergeneracional: 0,5 por ciento (0,50 a cargo de la empresa y 0.1 a cargo del trabajador).

– FOGASA: 0,20 por 100 (a cargo de la empresa).

– FP: 0,70 por 100 (010 a cargo de la empresa y 0,1 a cargo del trabajador).

5.4. Cotización de contratos de trabajo a tiempo parcial con período de trabajo concertado

La concentración de jornada es una modalidad de contrato, mediante la cual el trabajador puede acordar con la empresa que la totalidad de las horas de trabajo que anualmente debe realizar, se presten en determinados períodos de cada año y, por lo tanto, todas las remuneraciones anuales o correspondientes, se perciban en esos periodos de trabajo concentrado (art. 65.3 del Real Decreto 2064/1995, de 22 de diciembre). Es decir, mediante acuerdo empresa-persona trabajadora se concreta que la jornada anual se concentre en determinados lapsos de tiempo, dándose periodos de inactividad.

Las características fundamentales de esta modalidad son:

- Existen periodos de inactividad superiores al mes.
- El trabajador permanece de alta en el Régimen de la Seguridad Social que corresponda.
- Mientras no se extinga la relación laboral, tiene la obligación de cotizar.

Este «supuesto anómalo» suele asociarse a la jubilación parcial y no invalida el contrato de relevo asociado a la misma. Como ha indicado la STS n.º 265/2017, de 29 de marzo de 2017, ECLI:ES:TS:2017:1429: «Es cierto que la concentración de jornada (...) no tiene expresa contemplación legal, pues la prevista en el art. 65.3 del RD 2064/1995 [introducida por la DA Tercera del RD 1131/2002] se limita a «los trabajadores con contrato a tiempo parcial, que hayan acordado con su empresa que la totalidad de las horas de trabajo que anualmente deben realizar se presten en determinados períodos de cada año (...)». Pero esa ausencia de específico tratamiento normativo no implica de suyo ilegalidad alguna, sino que partiendo de la libertad de pacto que impera en nuestra legislación [art. 1255 CC] aquella consecuencia solamente es sostenible cuando media fraude, y éste (...) solamente se identifica con «la vulneración de una norma prohibitiva o imperativa que se produce de una manera oblicua, es decir, mediante un acto amparado formalmente en el texto de una norma [la denominada norma de cobertura] que persigue en realidad un resultado contrario al ordenamiento jurídico que, como tal, no queda protegido por aquella norma». (STS, rec. 3002/12, de 10 de diciembre de 2013, ECLI:ES:TS:2013:5895).

> **CUESTIÓN**
>
> **Cuando se trata de trabajadores con contrato indefinido a tiempo parcial con períodos de trabajo concentrados, una vez realizado el periodo de parcialidad convenido, ¿se genera situación legal de desempleo?**
>
> A dicha compactación de jornada se han referido en otros pronunciamientos: STS n.º 428/2023, de 14 de junio del 2023, ECLI:ES:TS:2023:3392, STS, rec. 1428/2019, 10 de mayo de 2022, ECLI:ES:TS:2022:1888, rechazando que se encuentren en situación legal de desempleo los trabajadores indefinidos contratados a tiempo parcial con períodos de trabajo concentrados, cuando siguen en alta y cotizándose por ellos en los periodos de inactividad sin que su contrato esté extinguido, suspendido o reducido.

Reglas de cotización específicas para los trabajadores a tiempo parcial con concentración de jornada horaria

1. La base de cotización se determinará al celebrarse el contrato de trabajo y al inicio de cada año en que el trabajador se encuentre en dicha situación, computando el importe total de las remuneraciones que tenga derecho a percibir el trabajador a tiempo parcial en ese año,

con exclusión en todo caso de los importes correspondientes a los conceptos no computables en la base de cotización a la Seguridad Social (art. 23 del Real Decreto 84/1996, de 26 de enero y STSJ de Madrid n.º 642/2023, de 29 de junio de 2023, ECLI:ES:TSJM:2023:7277).

2. El importe obtenido se prorrateará entre los doce meses del año o del período inferior de que se trate, determinándose de este modo la cuantía de la base de cotización correspondiente a cada uno de ellos y con independencia de que las remuneraciones se perciban íntegramente en los períodos de trabajo concentrado o de forma prorrateada a lo largo del año o período inferior respectivo.

3. La base mensual de cotización así calculada, no podrá ser inferior al importe de la base mínima de cotización vigente para cada momento para este tipo de contratos.

4. Si al final del ejercicio o período inferior de que se trate, el trabajador con contrato a tiempo parcial, subsistiendo su relación laboral, hubiese percibido remuneraciones por importe distinto al inicialmente considerado en ese año o período para determinar la base mensual de cotización durante el mismo, conforme a las reglas anteriores, se procederá a realizar la correspondiente regularización. A tal efecto, el empresario tendrá dos opciones:

– Practicar la correspondiente liquidación complementaria de cuotas por las diferencias en más y efectuar el pago dentro del mes de enero del año siguiente o del mes siguiente a aquel en que se extinga la relación laboral.

– Solicitar, en su caso, la devolución de las cuotas que resulten indebidamente ingresadas.

5. Asimismo, la Administración de la Seguridad Social podrá efectuar de oficio las liquidaciones de cuotas y acordar las devoluciones solicitadas que sean procedentes, en especial, en los supuestos de extinción de la relación laboral de estos trabajadores con contrato a tiempo parcial por jubilación ordinaria o anticipada, por reconocimiento de la pensión por incapacidad permanente, por fallecimiento o por cualquier otra causa, con la consiguiente baja en el régimen correspondiente de la Seguridad Social y cese en la obligación de cotizar.

Lo previsto no será de aplicación a los trabajadores fijos-discontinuos a que se refiere el artículo 16 del texto refundido de la Ley del Estatuto de los Trabajadores, de acuerdo con lo dispuesto en la disposición adicional tercera del Real Decreto 1131/2002, de 31 de octubre, por el que se regula la Seguridad Social de los trabajadores contratados a tiempo parcial, así como la jubilación parcial.

JURISPRUDENCIA

STS n.º 1000/2020, de 11 de noviembre de 2020, ECLI:ES:TS:2020:3835

No tiene derecho a percibir prestación de desempleo el jubilado a tiempo parcial que suscribe con la empresa un contrato a tiempo parcial por la parte de jornada que realiza.

STSJ de Asturias n.º 1478/2009, de 15 de mayo de 2009, ECLI:ES:TSJAS:2009:1746

*«(...) La jornada laboral del colectivo afectado por el conflicto se va a singularizar no solamente por ser inferior a la jornada ordinaria para un trabajador a tiempo completo que resulte comparable (art. 12.1 del ET), sino por la **existencia de unas necesidades permanentes y periódicas en la empresa** —el curso escolar— cuyo advenimiento condiciona la duración del contrato de trabajo. Ahora bien el hecho de que durante la referida temporada o campaña no se trabaje todos los días laborables, esto es, el hecho de que la jornada de trabajo sea inferior a la jornada máxima legal prevista en el art. 34 del Estatuto de los Trabajadores y se contraiga a los días lectivos, no autoriza sin más a establecer nuevos ciclos productivos en función de las vacaciones escolares de navidad y semana santa y menos aún a dar de baja a los trabajadores en la seguridad social como pretende la recurrente pues, de conformidad con lo dispuesto en el apartado 3 al art. 65 del Reglamento General sobre cotización y liquidación de otros derechos de la Seguridad Social, aprobado por el Real Decreto 2064/1995, de 22 de diciembre, en la redacción dada por la Disposición Adicional Tercera del Real Decreto 1131/2002, de 31 de octubre, por el que se regula la Seguridad Social de los trabajadores contratados a tiempo parcial, se especifica la cotización de los trabajadores contratados a tiempo parcial con trabajo concentrado en períodos inferiores a los de alta, señalando que en aquellos supuestos en que los trabajadores "hayan acordado con su empresa que la totalidad de las horas de trabajo que anualmente deben realizar se presten en determinados períodos de cada año, percibiendo todas las remuneraciones anuales o las correspondientes al período inferior de que se trate, en esos períodos de trabajo concentrado, existiendo períodos de inactividad superiores al mensual, además de permanecer en alta en el Régimen de la Seguridad Social que corresponda por razón de la actividad y mientras no se extinga su relación laboral, subsistirá la obligación de cotizar conforme a las siguientes reglas (...)».*

Todo lo cual comporta «desde el punto de vista jurídico» que, frente a lo que acontece en el contrato fijo discontinuo no periódico, aquí no exista una interrupción o suspensión del contrato de trabajo, sino que en el contrato a tiempo parcial se da una continuidad de tal manera que tanto el inicio como el cese de la prestación de servicios no viene determinado por las necesidades productivas que concurran en cada caso, sino que estos trabajadores deben reincorporarse a su puesto de trabajo en una fecha cierta y de ahí que no les resulte aplicable el orden de llamamientos que si se contempla, por el contrario, en el art. 15.8 del ET para los fijos discontinuos no periódicos, posibilidad que por lo demás, tampoco se contempla en el convenio colectivo de aplicación, y, una vez reincorporados a su puesto de trabajo la relación laboral se mantiene hasta una fecha igualmente predeterminada, la finalización del curso escolar, que es precisamente el segundo de los elementos delimitadores de la duración de la campaña y por ende del contrato».

STS n.º 646/2021, de 23 de junio, ECLI:ES:TS:2021:2619

Analizando si un trabajador en la situación analizada se encuentra en situación legal de desempleo durante los periodos de inactividad, el TS entiende que no existe situación de desempleo, pues el trabajador tiene su contrato en vigor a pesar de no estar trabajando.

«(...) cuando se trata de trabajadores con contrato indefinido a tiempo parcial y con períodos de trabajo concentrados en los cuales el trabajador sigue en alta en la Seguridad Social y, en esos precisos períodos de inactividad material, el trabajador mantiene su contrato de trabajo, y no lo tiene extinguido, suspendido ni reducido, la única conclusión posible es que ese trabajador no está en situación legal de desempleo».

6.
PRESTACIONES DE LOS TRABAJADORES A TIEMPO PARCIAL

La protección social derivada de los contratos de trabajo a tiempo parcial se regirá por el principio de asimilación del trabajador a tiempo parcial al trabajador a tiempo completo (art. 245 de la LGSS).

En este apartado presentan una incidencia destacada las distintas modificaciones realizadas por el Real Decreto-ley 2/2023, de 16 de marzo. La denominada «reforma de las pensiones 2023» modifica:

- **Desde el 01/10/2023, el art. 247 de la LGSS:** se equipara el trabajo a tiempo parcial con el trabajo a tiempo completo a efectos del cómputo de los períodos cotizados para el reconocimiento de las pensiones de jubilación, incapacidad permanente, muerte y supervivencia, incapacidad temporal, nacimiento y cuidado de menor, ya que se tienen en cuenta los períodos cotizados cualquiera que sea la duración de la jornada realizada en cada uno de ellos.

- **Con distintos periodos de entrada en vigor (17/05/2023; 18/03/2023 y 01/01/2026) el art. 248 de la LGSS:** se clarifica en el apdo. 1 la situación de los trabajadores fijos discontinuos, que tienen el tratamiento de trabajadores a tiempo parcial a efectos del sistema de la Seguridad Social, para la determinación de la base reguladora diaria de la prestación por incapacidad temporal. Con la nueva redacción al apdo. 2, relativo a la integración de períodos sin obligación de cotizar de estos trabajadores, se elimina la previsión de que la base de cotización a tener en cuenta para cubrir dichos períodos deba ser, de entre las aplicables en cada momento, «la correspondiente al número de horas contratadas en último término», lo que incrementa la base reguladora. También se suprime el apartado 3 del artículo 248, que desaparece en su nueva redacción.

6.1. Características propias de la cotización para acceder a las prestaciones a tiempo parcial

El art. 246 de la LGSS establece sobre la cotización de las personas trabajadoras a tiempo parcial los siguientes parámetros:

- La base de cotización a la Seguridad Social y de las aportaciones que se recaudan conjuntamente con las cuotas de aquélla será **siempre** mensual y estará constituida por las retribuciones efectivamente percibidas en función de las horas trabajadas, tanto ordinarias como complementarias.

– La base de cotización así determinada **no podrá ser inferior a las cantidades que reglamentariamente se determinen.** (STS, rec. 994/2008, de 2 de marzo de 2009).

– Las **horas complementarias cotizarán a la Seguridad Social** sobre las mismas bases y tipos que las horas ordinarias.

6.2. Acreditación de los períodos de cotización para prestaciones de las personas trabajadoras a tiempo parcial

Desde el 01/10/2023

A efectos de acreditar los períodos de cotización necesarios para causar derecho a las prestaciones de jubilación, incapacidad permanente, muerte y supervivencia, incapacidad temporal y nacimiento y cuidado de menor se tendrán en cuenta los distintos períodos durante los cuales el trabajador haya permanecido en alta con un contrato a tiempo parcial, cualquiera que sea la duración de la jornada realizada en cada uno de ellos (art. 247 de la LGSS).

Hasta el 30/09/2023

Para acreditar los períodos de cotización necesarios para causar derecho a las prestaciones de jubilación, incapacidad permanente, muerte y supervivencia, incapacidad temporal, maternidad y paternidad, se aplicarán las siguientes reglas:

a) Se tendrán en cuenta los distintos períodos durante los cuales el trabajador haya permanecido en alta con un contrato a tiempo parcial, cualquiera que sea la duración de la jornada realizada en cada uno de ellos.

b) Una vez determinado el número de días de cotización acreditados, se procederá a calcular el coeficiente global de parcialidad, siendo este el porcentaje que representa el número de días trabajados y acreditados como cotizados, de acuerdo con lo establecido en la letra a) anterior, sobre el total de días en alta a lo largo de toda la vida laboral del trabajador. En caso de tratarse de subsidio por incapacidad temporal, el cálculo del coeficiente global de parcialidad se realizará exclusivamente sobre los últimos cinco años. Si se trata del subsidio por maternidad y paternidad, el coeficiente global de parcialidad se calculará sobre los últimos siete años o, en su caso, sobre toda la vida laboral.

RESOLUCIÓN RELEVANTE

STC n.º 91/2019, de 3 de julio de 2019

El Tribunal Constitucional ha declarado la inconstitucionalidad y nulidad de la norma reguladora de la cuantía de la pensión de jubilación para los trabajadores a tiempo parcial, en concreto, la aplicación del denominado «coeficiente de parcialidad» (art. 248.3 de la LGSS), por cuanto vulnera el principio de igualdad y constituye una discriminación indirecta por razón de sexo, lesionando el art. 14 CE. Con efectos de 12 de agosto de 2019, la aplicación de la sentencia del TC conlleva que en aquellos supuestos en los que el trabajador haya desempeñado trabajos a tiempo parcial, para la determinación del porcentaje aplicable a la base reguladora de la pensión de jubilación se tomen en consideración los periodos en los que dicho trabajador hubiera permanecido en alta con un contrato a tiempo parcial, cualquiera que sea la duración de la jornada.

La sentencia establece que «(...) en la determinación de la cuantía de las pensiones de jubilación no se aplique el coeficiente de parcialidad previsto en el segundo párrafo de la letra a) de la regla segunda de la disposición adicional séptima, apartado 1, LGSS 1994 y que, en consecuencia, una vez acreditado el periodo de cotización mínimo previsto en la mencionada regla segunda, se aplique la correspondiente base reguladora con su correspondiente escala general, sin reducir el periodo de alta con contrato a tiempo parcial mediante el coeficiente de parcialidad».

En cuanto al alcance de la declaración de inconstitucionalidad y nulidad, la sentencia del TC señala expresamente que no sólo habrá de preservarse la cosa juzgada sino que, en virtud del principio constitucional de seguridad jurídica, el pronunciamiento tampoco se extenderá a las situaciones administrativas firmes.

c) El período mínimo de cotización exigido a los trabajadores a tiempo parcial para cada una de las prestaciones económicas que lo tengan establecido, será el resultado de aplicar al período regulado con carácter general el coeficiente global de parcialidad a que se refiere la letra b).

En los supuestos en que, a efectos del acceso a la correspondiente prestación económica, se exija que parte o la totalidad del período mínimo de cotización exigido esté comprendido en un plazo de tiempo determinado, el coeficiente global de parcialidad se aplicará para fijar el período de cotización exigible. El espacio temporal en el que habrá de estar comprendido el período exigible será, en todo caso, el establecido con carácter general para la respectiva prestación.

6.3. Bases reguladoras de las distintas prestaciones de las personas trabajadoras a tiempo parcial

6.3.1. Prestaciones de jubilación e incapacidad permanente

La **jubilación** puede ser definida como el cese en la actividad laboral provocado por razón de edad e implica una prestación de carácter laboral, formada por la entrega de una pensión vitalicia a los beneficiarios cuando cumplen determinados requisitos de antigüedad, edad o invalidez por accidente de trabajo, que cubre parte o la totalidad del sueldo que el trabajador percibía al momento de su retiro.

Actualmente, parte de la regulación de esta prestación recogida en la LGSS ha sido modificada por la Ley 21/2021, de 28 de diciembre, de garantía del poder adquisitivo de las pensiones y de otras medidas de refuerzo de la sostenibilidad financiera y social del sistema público de pensiones (reforma de la pensiones 2022) y por el Real Decreto-ley 2/2023, de 16 de marzo, de medidas urgentes para la ampliación de derechos de los pensionistas, la reducción de la brecha de género y el establecimiento de un nuevo marco de sostenibilidad del sistema público de pensiones (reforma de la pensiones 2023). (Pensión de jubilación. Paso a paso. Colex. 2023).

Por su parte, la **incapacidad permanente** contributiva es la situación del trabajador que, después de haber estado sometido al tratamiento prescrito, presenta reducciones anatómicas o funcionales graves, susceptibles de determinación objetiva y previsiblemente definitivas, que disminuyan o anulen su capacidad laboral. No obstará a tal calificación la posibilidad de recuperación de la capacidad laboral del incapacitado, si dicha posibilidad se estima médicamente como incierta o a largo plazo (arts. 193-203 de la LGSS).

La base reguladora de las prestaciones de jubilación e incapacidad permanente se calculará conforme a la regla general (arts. 209, 248 y 197 de la LGSS).

Desde el 01/01/2026, a efectos de calcular las pensiones de jubilación y de incapacidad permanente derivada de enfermedad común, la integración de los períodos durante los que no haya habido obligación de cotizar se llevará a cabo en los términos establecidos en los arts. 209.1 y 197.4 de la LGSS. De esta forma, se elimina la previsión de que la base de cotización a tener en cuenta para cubrir dichos períodos deba ser, de entre las aplicables en cada momento, «(...) la correspondiente al número de horas contratadas en último término», lo que incrementa la base reguladora.

CUESTIÓN

¿Cómo afecta la equiparación del trabajo a tiempo parcial al tiempo completo a efectos de cómputo de periodos de cotización para la jubilación?

Desde el 01/10/2023, con la modificación sobre el art. 247 de la LGSS realizada por la reforma de las pensiones 2023. Cada día de trabajo a tiempo parcial cuenta como un día completo cotizado. Se han eliminado los coeficientes reductores que suponían una penalización en las prestaciones generadas desde la situación de trabajo parcial.

A modo de ej.: una persona trabajadora que presta servicios durante 10 años con una jornada a tiempo parcial del 60 por 100:

- SITUACIÓN HASTA 30/09/2023: computaban 6 años como cotizados a efectos de pensión de jubilación (se aplicaba coeficiente de parcialidad).

- SITUACIÓN DESDE 01/10/2023: 10 años (las jornadas parciales cotizan como jornadas completas).

6.3.1.1. Jubilación parcial

La llamada jubilación parcial es una modalidad de jubilación en la que la persona trabajadora pasa (una vez cumplida cierta edad) de un contrato a tiempo completo a uno a tiempo parcial y accede a la pensión de jubilación por la parte correspondiente al resto de la jornada laboral. En función de la edad a la que se acceda a esta modalidad la jubilación parcial resultará obligatorio (o no) concertar un contrato de relevo con otra persona desempleada por el tiempo de jornada reducido.

Mediante esta modalidad, la persona trabajadora reduce su jornada en parte proporcional a su salario pero cobrará un porcentaje de su pensión de jubilación. Es decir, el jubilado parcial recibirá el salario en proporción al porcentaje de jornada laboral que realice y un porcentaje de la pensión de jubilación en proporción a la jornada reducida.

Actualmente la jubilación parcial se divide en **tres posibilidades** reguladas en el art. 215, D.T. 4.ª, 7.ª y 10.ª de la LGSS y RD 1131/2002, de 31 de octubre, de una forma un tanto engorrosa.

1. **Jubilación a tiempo parcial cumplida la edad ordinaria de jubilación y con el periodo de cotización suficiente (art. 215.1 de la LGSS).** Se permite el acceso a esta modalidad de jubilación para las personas trabajadoras que hayan cumplido la edad de jubilación y tengan el periodo de cotización suficiente cuando reduzcan su jornada en un concreto porcentaje respecto a un trabajador a tiempo completo comparable —en este caso no se exige la realización de un contrato de relevo de forma simultánea—.

2. **Jubilación a tiempo parcial anterior a la edad ordinaria de jubilación, pero con un determinado periodo de cotización y antigüedad en la empresa (art. 215.2 de la LGSS).** Consiste en el acuerdo entre el empresario y el trabajador para que este último reduzca su jornada y su salario y, simultáneamente, acceda a la condición de pensionista de jubilación, siempre y cuando cumpliera todos los requisitos, salvo la edad, para acceder a la jubilación. Así se compagina la percepción del salario y de la parte de pensión correspondiente a la jornada que se reduce. La parte de jornada dejada vacante por el jubilado parcial ha de cubrirse con un contrato de relevo con el que ha de existir correspondencia entre las bases de cotización —en este caso **se exige la realización de un contrato de relevo** de forma simultánea—. En este supuesto se aplica un régimen transitorio regulado en la D.T. 4.ª.6 de la LGSS para **pensiones causadas antes del 1 de enero de 2024** y en la aplicación del requisito de edad [art. 215.2 a) de la LGSS] regulado en la D.T. 10.ª de la LGSS hasta el año 2027. (Este aspecto lo hemos analizado al tratar el contrato de relevo).

3. **Jubilación parcial para trabajadores de la industria manufacturera.** Cuando el trabajador que solicite el acceso a la jubilación parcial realice directamente funciones que requieran esfuerzo físico o alto grado de atención en tareas de fabricación, elaboración o transformación, así como en las de montaje, puesta en funcionamiento, mantenimiento y reparación especializados de maquinaria y equipo industrial en em-

presas clasificadas como industria manufacturera. En estos casos se aplica la normativa anterior a la Ley 27/2011, de 1 de agosto (donde se permite la jubilación parcial con simultánea celebración de contrato de relevo) para pensiones causadas antes del 1 de enero de 2025 siempre que se acrediten una serie de requisitos (D.T. 4.ª.6 de la LGSS).

El disfrute de la pensión de jubilación parcial será compatible con un puesto de trabajo a tiempo parcial (art. 215.3 de la LGSS).

Podrán acogerse a la jubilación parcial los socios trabajadores o de trabajo de las cooperativas, asimilados a trabajadores por cuenta ajena (art. 14 de la LGSS), que reduzcan su jornada y derechos económicos en las condiciones previstas en el art. 12.6 del Estatuto de los Trabajadores, y cumplan los requisitos establecidos, cuando la cooperativa concierte con un socio de duración determinada de la misma o con un desempleado la realización, en calidad de socio trabajador o de socio de trabajo, de la jornada dejada vacante por el socio que se jubila parcialmente, con las mismas condiciones establecidas para la celebración de un contrato de relevo en el art. 12.7 de la Ley del Estatuto de los Trabajadores.

Las **tres posibilidades de jubilación parcial** tienen distintos requisitos de acceso:

..	Jubilación parcial anterior a la edad ordinaria de jubilación —CON contrato de relevo— (art. 215.1 de la LGSS)	Jubilación parcial posterior a la edad ordinaria de jubilación —SIN contrato de relevo— (art. 215.2 de la LGSS)	Industria manufacturera (D.T. 4.ª.6 de la LGSS).
Edad	Aplicación transitoria de la edad para el acceso hasta 2027: D.T. 7.ª de la LGSS.	Aplicación transitoria de la edad para el acceso hasta 2027: D.T. 10.ª de la LGSS.	61 años.
Reducción de jornada	Mínimo del 25 por 100 y un máximo del 50 por 100. Máximo del 75 por 100 cuando el contrato de relevo sea a jornada completa y por tiempo indefinido.	Un mínimo del 25 por 100 y un máximo del 50 por 100. Máximo del 80 por 100 cuando el contrato de relevo sea a jornada completa y por tiempo indefinido.	Mínimo del 25 por 100 y un máximo del 67 por 100. Máximo del 80 por 100 cuando el contrato de relevo sea a jornada completa y por tiempo indefinido.
Período de cotización mínimo previo	33 años en la fecha del hecho causante de la jubilación parcial. En caso de personas con discapacidad en grado igual o superior al 33 por 100: 25 años.	La necesaria en cada momento para acceder la pensión de jubilación ordinaria (D.T. 7.ª de la LGSS).	33 años en la fecha del hecho causante de la jubilación parcial. En caso de personas con discapacidad en grado igual o superior al 33 por 100: 25 años.
Antigüedad en la empresa	6 años inmediatamente anteriores a la fecha de la jubilación parcial.	..	6 años inmediatamente anteriores a la fecha de la jubilación parcial.

Las **particularidades en el cálculo de la posterior pensión de jubilación ordinaria asociadas a este tipo de jubilación** se definen en el art. 18 del Real Decreto 1131/2002, de 31 de octubre.

JURISPRUDENCIA

STS, rec. 1572/2012, de 11 de marzo de 2013, ECLI:ES:TS:2013:1492; STS, rec. 104/2011, de 31 de mayo 2012, ECLI:ES:TS:2012:4460 y STS, rec. 2860/2008, de 20 de mayo 2009, ECLI:ES:TS:2009:4390

Los tribunales han considerado que, para la jubilación parcial del trabajador, ha de exigirse, en el momento de la solicitud de la misma, todos los requisitos —excepto la edad— para tener derecho a la pensión de jubilación en el Régimen General de la Seguridad Social o puede entenderse cumplido este requisito en supuestos en que reúne los requisitos para percibir pensión de jubilación en el Régimen Especial de Trabajadores Autónomos, y no en el Régimen General de la Seguridad Social, ya que no reúne el beneficiario, en ninguno de regímenes, por separado, los periodos de carencia precisos para causar el derecho a la pensión, debiendo acudirse al cómputo recíproco de cotizaciones, siendo mayor el periodo cotizado en el Régimen Especial de Trabajadores Autónomos.

STS n.º 763/2018, de 17 de julio de 2018, ECLI:ES:TS:2018:3083

El TS, en consonancia con el INSS y a la TGSS, siguiendo lo establecido en la D.T. 2.ª del RD-ley 8/2010, considera que el derecho a la jubilación parcial no resulta de aplicación más allá del 31 de diciembre de 2012.

Se llega a la conclusión de que con la regulación anterior a la Ley 27/2011: se permitía la jubilación parcial habiendo alcanzado los 60 años (no los 61) si se cumplía una serie de requisitos y se accedía a ella antes de que comenzara el año 2013. Frente a esta conclusión el TS considera que la decisión del TSJ de Madrid no se acomoda a las exigencias legales y que si la fecha del hecho causante es posterior a la prevista en la norma para permitir el ejercicio de tal derecho el solicitante carece del derecho. La fecha final en la que podía accederse a tal clase de jubilación con arreglo a las condiciones previstas en la disposición transitoria segunda del RD-ley 8/2010 y en el art. 166.2 de la LGSS en la redacción es la vigente al tiempo de producirse los hechos.

Compatibilidades, incompatibilidades y extinción de la pensión de jubilación parcial

El art. 14 del Real Decreto 1131/2002, de 31 de octubre (de compatibilidad e incompatibilidad de la pensión de jubilación parcial), configura un *numerus clausus* o lista cerrada de **supuestos compatibles e incompatibles con la jubilación parcial, porque a pesar de que uno y otro apartado se subdividen en 2 y 3 subapartados respectivamente, el hecho** de que en un mismo precepto se aborden la compatibilidad y la incompatibilidad separadamente, permite entender que lo contrario de cada subapartado incrementa los supuestos o subapartados del apartado contrario.

Por su parte, el art. 163 de la LGSS dispone:

«Las pensiones de este Régimen General serán incompatibles entre sí cuando coincidan en un mismo beneficiario, a no ser que expresamente se disponga lo contrario, legal o reglamentariamente.

En caso de que se cause derecho a una nueva pensión que resulte incompatible con la que se viniera percibiendo, la entidad gestora iniciará el pago o, en su caso, continuará con el abono de la pensión de mayor cuantía, en términos anuales, con suspensión de la pensión que conforme a lo anterior corresponda.

No obstante, el interesado podrá solicitar que se revoque dicho acuerdo y optar por percibir la pensión suspendida. Esta opción producirá efectos económicos a partir del día primero del mes siguiente a la solicitud».

|| Las compatibilidades de la pensión de jubilación parcial

La pensión de jubilación parcial será compatible con (art. 14.1 del RD 1131/2002, de 31 de octubre):

1. El **trabajo a tiempo parcial en la empresa** y, en su caso, con otros trabajos a tiempo parcial anteriores a la situación de jubilación parcial, siempre que no se aumente la duración de su jornada. En caso de aumentarse la jornada, la pensión de jubilación parcial se suspende.

2. Los **trabajos a tiempo parcial concertados con posterioridad a la situación de jubilación parcial**, cuando se haya cesado en los trabajos que se venían desempeñando con anterioridad en otras empresas, siempre que no se aumente la duración de la jornada realizada hasta entonces. En caso de aumentarse la jornada, la pensión de jubilación parcial se suspende.

3. Con la pensión de **viudedad**.

4. Con la prestación de **desempleo**. Siempre que la prestación derive de una situación legal de desempleo (arts. 262.2 y 3 de la LGSS). (STS, rec. 3337/2018, de 11 de noviembre de 2020, ECLI:ES:TS:2020:3913 y STS n.º 219/2023, de 22 de marzo de 2023, ECLI:ES:TS:2023:1364).

5. Con otras **prestaciones sustitutorias de las retribuciones que correspondieren a los trabajos a tiempo parcial concertados con anterioridad a la situación de jubilación parcial,** en los términos indicados en el párrafo anterior, a excepción de lo indicado en el apartado siguiente. El **subsidio de incapacidad temporal**, cualquiera que sea la contingencia de la que derive, causado por un trabajador en situación de jubilación parcial, será abonado en régimen de pago directo, en todo caso y por la duración que corresponda, por la entidad gestora o colaboradora pertinente, sin que opere el régimen de colaboración obligatoria a que se refiere el artículo 16.1. b) y c) de la Orden de 25 de noviembre de 1966, por la que se regula la colaboración de las empresas en la gestión del Régimen General de la Seguridad Social. La entidad gestora o colaboradora comunicará a la empresa el inicio del abono del subsidio al trabajador en régimen de pago directo, así como su finalización (D.A. 2.ª de la Orden ESS/1187/2015, de 15 de junio).

JURISPRUDENCIA

STS, rec. 4605/2005 de 20 de Enero de 2009, ECLI:ES:TS:2009:157

El Tribunal Supremo, en base a la legislación aplicable, ha considerado que puede reconocerse el derecho a pensión por jubilación parcial a un trabajador por cuenta ajena que acredita la mayor parte de sus cotizaciones en el Régimen Especial de

Trabajadores Autónomos (dos tercios del total de su carrera de seguro) y que se encuentra en el Régimen General de la Seguridad Social en la fecha de la solicitud del derecho a la pensión, porque el condicionamiento del acceso a la prestación establecido por la legislación aplicable se hace depender de la existencia de un período mínimo de cotización de treinta años, abstracción hecha por tanto, del régimen de la Seguridad Social que debe reconocer y satisfacer la prestación.

RESOLUCIÓN RELEVANTE

STSJ de Madrid, rec. 2879/2005, de 21 de junio de 2005, ECLI:ES:TSJM:2005:7429

El art 14 del RD 1.131/2002 sólo permite [apartado 1.a)] la compatibilidad de la pensión correspondiente con el trabajo a tiempo parcial en la empresa, y, en su caso, con otros de igual naturaleza anteriores a la situación de jubilación parcial, *«(...) siempre que no se aumente la duración de su jornada, de lo que se infiere que no existe compatibilidad con un trabajo a tiempo completo, caso que integra así un supuesto de incompatibilidad, aunque no se halle contenido en el apartado 2 del mismo artículo, relativo únicamente a las pensiones concurrentes».*

CUESTIONES

1. ¿Sería compatible una situación de pluriempleo del trabajador relevista con la jubilación parcial del sustituido?

La normativa no establece prohibición alguna a la situación de pluriempleo del relevista (arts. 12.7 del ET y 10 del RD 1131/2002). La normativa se limita a analizar las posibles incompatibilidades de la jubilación parcial, es decir, se centra en la actividad del trabajador relevado. El único requisito por parte del trabajador relevista consistiría en estar inscrito en la oficina de empleo a la hora de formalizar el contrato de relevo. (STSJ de Madrid, rec. 3794/2010, de 28 de septiembre de 2010, ECLI:ES:TSJM:2010:1396).

2. ¿Qué prestaciones son compatibles con la jubilación parcial del trabajador relevado?

La norma cita explícitamente la pensión de viudedad y la prestación de desempleo. Como *«(...) otras prestaciones sustitutorias de las retribuciones que correspondieran a los trabajos a tiempo parcial concertados con anterioridad a la situación de jubilación parcial»*, podemos entender: el subsidio de IT, prestación por nacimiento y cuidado del menor, pensión de incapacidad permanente total causada antes de la jubilación parcial y declarada para trabajo distinto al de la actividad que se mantiene, etc.

|| Las incompatibilidades de la pensión de jubilación parcial

La pensión de jubilación parcial será incompatible con (art. 14.2 del RD 1131/2002, de 31 de octubre):

1. Las pensiones de incapacidad permanente absoluta y gran invalidez.

2. La pensión de incapacidad permanente total para el trabajo que se preste en virtud del contrato que dio lugar a la jubilación parcial.

3. La pensión de jubilación que pudiera corresponder por otra actividad distinta a la realizada en el contrato a tiempo parcial.

Como vemos, el art. 14.2 del Real Decreto 1131/2002 de 31 de octubre, establece las incompatibilidades de la jubilación parcial respecto a las pensiones de incapacidad permanente absoluta y gran invalidez y en todo caso con la pensión de jubilación que pudiera corresponder con otra actividad distinta a la realizada en el contrato de trabajo a tiempo parcial.

En relación a la **pensión de incapacidad permanente total**, se limita a aquellos supuestos en que la misma proceda por el trabajo que se preste en virtud del contrato que dio lugar a la jubilación parcial. La STS, rec. 1600/2013, de 28 de octubre de 2014, ECLI:ES:TS:2014:5785, ha establecido que la compatibilidad entre las pensiones de incapacidad permanente total y jubilación parcial causada en un mismo régimen es posible, siempre y cuando el trabajador no pase a la jubilación ordinaria. La Sala justifica este argumento en que las prestaciones de Seguridad Social tienen como función proporcionar al beneficiario una renta sustitutoria de las rentas profesionales que deja involuntariamente de percibir por el acaecimiento de tales contingencias. Es decir, atendiendo al fallo citado, cuando el prestacionista pase a jubilación ordinaria, ambas prestaciones serán incompatibles, naciendo el derecho del pensionista a optar por la prestación que considere más conveniente. (STSJ de País Vasco, rec. 975/2023, de 11 de julio del 2023, ECLI:ES:TSJPV:2023:1719).

Otro supuesto de reciente análisis es la posible incompatibilidad de la jubilación parcial, o el paso a la jubilación ordinaria desde la jubilación parcial, con el complemento de pensiones contributivas para la reducción de la brecha de género (aplicable a pensiones desde el 04/02/2021) y su antecesor el derogado complemento de maternidad (aplicable entre el 1 de enero de 2016 y el 3 de febrero de 2021):

- **Para las pensiones de jubilación parcial entre el 1 de enero de 2016 y el 3 de febrero de 2021**, la redacción del art. 60.4 de la LGSS vigente en esa fecha establecía: *«El complemento de pensión no será de aplicación en los casos de acceso anticipado a la jubilación por voluntad de la interesada ni en los de jubilación parcial, a los que se refieren, respectivamente, los artículos 208 y 215. No obstante lo anterior, se asignará el complemento de pensión que proceda cuando desde la jubilación parcial se acceda a la jubilación plena, una vez cumplida la edad que en cada caso corresponda».*

- **En el caso de pensiones causadas a partir del 4 de febrero de 2021** (fecha de entrada en vigor del Real Decreto-ley 3/2021, de 2 de febrero), el art. 60.4 de la LGSS vigente actualmente, mantiene que no se tendrá derecho a este complemento en los casos de jubilación parcial (art. 215 y D.T. 4.ª.6 de la LGSS). No obstante, se reconocerá el complemento que proceda cuando desde la jubilación parcial se acceda a la jubilación plena, una vez cumplida la edad que, en cada caso, corresponda. (STSJ de Galicia, rec. 1617/2023, de 13 de julio del 2023, ECLI:ES:TSJGAL:2023:5083).

CUESTIONES

1. ¿La pensión de jubilación parcial es incompatible con el trabajo por cuenta propia?

El sistema de jubilación parcial para trabajadores autónomos no se ha regulado por el momento. Hasta el desarrollo reglamentario de lo dispuesto en el art. 318 de la LGSS la jubilación parcial sólo se aplica a los trabajadores por cuenta ajena a tiempo completo. En el caso de los trabajadores autónomos, la posibilidad de compatibilizar trabajo y pensión pasa por lo establecido en el art. 214 de la LGSS.

2. ¿La pensión de jubilación parcial es incompatible con el trabajo en el sector público?

La percepción de las pensiones de jubilación o retiro es incompatible con el desempeño por su titular de un puesto de trabajo en el sector público (incluidos altos cargos). Como única excepción encontramos los supuestos de profesores universitarios eméritos y personal licenciado sanitario. En concreto:

– El art. 54.1 de la Ley Orgánica 6/2001, de 21 de diciembre, de Universidades, habilita a las Universidades Públicas para contratar, con carácter temporal, en régimen laboral y de acuerdo con lo establecido en sus Estatutos, profesores eméritos entre funcionarios jubilados de los cuerpos docentes universitarios que hayan prestado servicios destacados a la universidad. También se establece la posible contratación de profesor asociado.

– Dentro de la múltiple modificación normativa realizada por el Real Decreto-ley 20/2022, de 27 de diciembre, de medidas de respuesta a las consecuencias económicas y sociales de la Guerra de Ucrania y de apoyo a la reconstrucción de la isla de La Palma y a otras situaciones de vulnerabilidad, encontramos la introducción de una nueva D.T. 35.ª [sic] en la LGSS, regulando la «Compatibilidad de la pensión contributiva de jubilación con el trabajo de los facultativos de atención primaria médicos de familia y pediatras, adscritos al sistema nacional de salud con nombramiento estatutario o funcionario»: *«(...) siempre que la reducción de jornada sea, en todo caso, del cincuenta por ciento respecto de la jornada de un trabajador a tiempo completo comparable».*

|| La extinción de la pensión de jubilación parcial

La pensión de jubilación parcial se extingue por (art. 16 del RD 1131/2002, de 31 de octubre):

– **Fallecimiento** del pensionista.

– Reconocimiento de la **jubilación ordinaria o anticipada** en virtud de cualquiera de las modalidades legalmente previstas.

– Reconocimiento de una **pensión de incapacidad permanente declarada incompatible**.

– La extinción del contrato de trabajo a tiempo parcial, realizado por el jubilado parcial, salvo cuando se tenga derecho a prestación de desempleo, compatible con la jubilación parcial, o a otras prestaciones sustitutorias de las retribuciones percibidas en aquél, en cuyo caso la extinción de la jubilación parcial se producirá en la fecha de la extinción de las mismas (salvo extinciones del contrato de trabajo declaradas improcedentes, en cuyo caso se mantendrá el derecho a la jubilación parcial, sin perjuicio de las obligaciones establecidas en la D.A. 2ª del Real Decreto 1131/2002, de 31 de octubre).

JURISPRUDENCIA

STSJ Castilla y León n.º 62/2018, de 7 de febrero de 2018, ECLI: ES:TSJCL:2018:391

«De la interpretación conjunta de ambos preceptos [Arts. 14 y 16 del RD 1131/2002, de 31 de octubre], debemos destacar: de un lado, la jubilación parcial

solo se extingue en supuestos de extinción del propio contrato de trabajo, lo que no es el caso de la excedencia que nos ocupa del Art. 46.3 ET . De otro lado, que entre las incompatibilidades reguladas para poder tener derecho a la propia prestación de jubilación parcial no se contempla el supuesto de la reiterada excedencia por cuidado de familiar del Art. 46.3 ET».

CUESTIÓN

Si después de la extinción del contrato a tiempo parcial se continúa percibiendo la prestación de jubilación parcial por no haber solicitado en tiempo y forma la jubilación total, ¿el INSS solicitará el reintegro de la pensión parcial recibida indebidamente desde que finalizó el contrato hasta la fecha de efectos de la jubilación ordinaria?

La pensión de jubilación parcial se extinguirá por la finalización del contrato a tiempo parcial realizado por el jubilado parcial [art. 16 b) y d) y 14.2 del Real Decreto 1131/2002, de 31 de octubre]. No obstante, la prestación de jubilación parcial percibida será inferior a la prestación por jubilación total a la que habría tenido derecho, por lo que el reintegro de prestaciones deberá ser analizado en cada caso. A modo de ej.: STS n.º 129/2023, de 10 de febrero del 2023, ECLI:ES:TS:2023:429.

Futura modificación de la regulación de la jubilación parcial en el sistema de Seguridad Social

La D.A. 1.ª del Real Decreto-ley 2/2023, de 16 de marzo, da un mandato al Gobierno para que, previa negociación en el marco del diálogo social, presente ante el Pacto de Toledo una propuesta de modificación de la regulación de la jubilación parcial en el sistema de Seguridad Social con la finalidad, entre otras, de equilibrar el coste que esta modalidad de pensión tiene para el sistema.

Para esta nueva regulación se establece el plazo de un año desde el 1 de abril de 2023. Hasta el momento no se ha adelantado ninguna nueva especificación, pero por lo adelantado se regulará un nuevo «(...) régimen de compatibilidad efectiva de trabajo y pensión; que preserve la calidad del empleo de los relevistas; y que equilibre el coste que esta modalidad de pensión tiene para el sistema. Para la adopción de las referidas modificaciones se tendrá en cuenta la incidencia que las mismas pueden tener en los distintos sectores de la actividad especialmente en de la industria manufacturera».

6.3.1.2. Pensión de jubilación y la compatibilidad con el trabajo a tiempo parcial

La compatibilidad entre la pensión de jubilación y el trabajo será aplicable a todos los regímenes del sistema de la Seguridad Social, excepto al Régimen de clases pasivas del Estado, y se regirá por lo dispuesto en los arts. 213 y 214 de la LGSS.

Respetando el histórico régimen de incompatibilidades establecido por el art. 213.1 de la LGSS, el disfrute de la pensión de jubilación, en su modalidad contributiva, será compatible con la realización de cualquier trabajo por cuenta ajena o por cuenta propia del pensionista, en los siguientes términos:

- El acceso a la pensión deberá haber tenido lugar, al menos, un año después de haber cumplido la edad que, en cada caso, resulte de aplicación [art. 205.1.a) de la LGSS], sin que, a tales efectos, sean admisibles jubilaciones acogidas a bonificaciones o anticipaciones de la edad de jubilación que pudieran ser de aplicación al interesado (art. 214 de la LGSS).

- El porcentaje aplicable a la respectiva base reguladora a efectos de determinar la cuantía de la pensión causada ha de alcanzar el 100 por 100.

- El trabajo compatible podrá realizarse por cuenta ajena, **a tiempo completo o a tiempo parcial**, o por cuenta propia.

A TENER EN CUENTA. Estas previsiones no serán aplicables en los supuestos de desempeño de un puesto de trabajo o alto cargo en el sector público (párrafo segundo art. 1.1. de la Ley 53/1984, de 26 de diciembre), que será incompatible con la percepción de la pensión de jubilación.

La compatibilidad de la pensión de jubilación y el trabajo por cuenta ajena debe respetar una serie de **reglas y requisitos para que resulte posible** (art. 214 de la LGSS):

1. La cuantía será equivalente al 50 por 100 del importe resultante en el reconocimiento inicial, una vez aplicado, si procede, el límite máximo de pensión pública, o del que se esté percibiendo, en el momento de inicio de la compatibilidad con el trabajo, excluido, en todo caso, el complemento por mínimos, cualquiera que sea la jornada laboral o la actividad que realice el pensionista.

La pensión se revalorizará en su integridad en los términos establecidos para las pensiones del sistema de la Seguridad Social. No obstante, en tanto se mantenga el trabajo compatible, el importe de la pensión más las revalorizaciones acumuladas se reducirá en un 50 por 100.

2. El pensionista no tendrá derecho a los complementos para pensiones inferiores a la mínima durante el tiempo en el que compatibilice la pensión con el trabajo.

3. El beneficiario tendrá la consideración de pensionista a todos los efectos.

4. Finalizada la relación laboral por cuenta ajena, se restablecerá el percibo íntegro de la pensión de jubilación.

5. La jubilación activa resulta incompatible con la jubilación demorada [art. 210.2 c) de la LGSS].

Durante la realización de un trabajo por cuenta ajena compatible con la pensión de jubilación, los empresarios y los trabajadores cotizarán al Régimen General únicamente por incapacidad temporal y por contingencias profesionales, según la normativa reguladora de dicho Régimen, si bien quedarán sujetos a una cotización especial de solidaridad del 9 por ciento sobre la base de cotización por contingencias comunes, no computable a efectos de prestaciones, que se distribuirá entre ellos, corriendo a cargo del empresario el 7 por ciento y del trabajador el 2 por ciento (art. 153 de la LGSS).

A TENER EN CUENTA. La competencia para declarar la procedencia de la nueva compatibilidad entre pensión de jubilación y trabajo corresponde a la entidad gestora que reconozca la pensión de jubilación, de cuyo pronunciamiento dependerá la obligación de cotizar de empresario y trabajador en unas condiciones u otras. Sabiendo esto, es recomendable que antes de proceder a efectuar la liquidación de cuotas con la aplicación de la cotización especial de solidaridad del 9 por 100, conforme a esta modalidad de compatibilidad entre pensión de jubilación y trabajo, el empresario y el trabajador se aseguren de la procedencia de dicha compatibilidad, bien con la resolución de la entidad gestora o bien recabando de dicha entidad gestora información previa sobre la concurrencia o no de estas condiciones.

6.3.2. Prestación por nacimiento y cuidado de menor

El nacimiento, que comprende el parto y el cuidado de menor de doce meses, suspenderá el contrato de trabajo de la madre biológica y del otro progenitor durante 16 semanas, de las cuales serán obligatorias las seis semanas ininterrumpidas inmediatamente posteriores al parto, que habrán de disfrutarse a jornada completa (art. 48.4 del ET). En paralelo, se genera una prestación con el objetivo de compensar a las personas trabajadoras ante la falta/disminución de ingresos como consecuencia de la suspensión su contrato de trabajo laboral (personas trabajadoras por cuenta ajena) o cese en la actividad (personas trabajadoras por cuenta propia o autónomos) para disfrutar de los periodos de descanso por nacimiento, la adopción, la guarda con fines de adopción y el acogimiento familiar. (Medidas de conciliación de la vida personal, laboral y familiar. Paso a paso. Colex. 2023).

La prestación económica consistirá en un subsidio equivalente al 100 por ciento de la base reguladora correspondiente. A tales efectos, en el caso de los trabajadores a tiempo parcial (arts. 179 y 248 de la LGSS):

Desde el 17/05/2023

La base reguladora de la prestación económica por nacimiento y cuidado de menor será el resultado de dividir entre trescientos sesenta y cinco la suma de las bases de cotización acreditadas en la empresa en los doce meses naturales inmediatamente anteriores al mes previo al del hecho causante.

Si las bases de cotización acreditadas en la empresa con anterioridad al mes previo al del hecho causante se refieren a un período inferior a doce meses, la base reguladora diaria será el resultado de dividir la suma de las bases cotizadas acreditadas entre el número de días naturales a que esas cotizaciones correspondan.

En los supuestos en que la persona haya ingresado en la empresa en el mes anterior al del hecho causante o en el mismo mes de éste, para el cálculo de la base reguladora se tendrán en cuenta las reglas establecidas, respectivamente, en los párrafos primero y segundo del artículo 179.2 de la LGSS.

Hasta el 16/05/2023

Para las prestaciones por maternidad y por paternidad, la base reguladora diaria será el resultado de dividir la suma de las bases de cotización acreditadas en la empresa durante el año anterior a la fecha del hecho causante entre 365.

De ser menor la antigüedad del trabajador en la empresa, será el resultado de dividir la suma de las bases de cotización acreditadas entre el número de días naturales a que éstas correspondan.

6.3.3. Prestación por incapacidad temporal

La prestación por IT consistirá en un subsidio cuya cuantía dependerá de la base reguladora y del porcentaje que se aplique sobre ella.

La base reguladora dependerá del salario del mes anterior a la baja y varía según la causa de la incapacidad temporal sea una contingencia común o profesional, así como según se cobre el salario por meses o por días. (Incapacidad temporal. Paso a paso. Colex. 2023).

Desde el 18/03/2023

La protección social derivada de los contratos de trabajo a tiempo parcial se regirá por el principio de asimilación del trabajador a tiempo parcial al trabajador a tiempo completo y específicamente por las reglas contenidas en la arts. 245-248 y 269-270 de la LGSS, en relación con las especificaciones para el cómputo de los períodos de cotización.

A efectos de acreditar los períodos de cotización necesarios para causar derecho a las prestaciones de incapacidad temporal se tendrán en cuenta los distintos períodos durante los cuales el trabajador haya permanecido en alta con un contrato a tiempo parcial, cualquiera que sea la duración de la jornada realizada en cada uno de ellos (art. 247 de la LGSS).

La base reguladora diaria de la prestación por incapacidad temporal será el resultado de dividir la suma de las bases de cotización a tiempo parcial acreditadas desde la última alta, con un máximo de tres meses inmediatamente anteriores al del hecho causante, entre el número de días naturales comprendidos en el período [art. 248 c) de la LGSS, con efectos de 18 de marzo de 2023].

PRESTACIÓN POR IT TRABAJADORES A TIEMPO PARCIAL =

[Sumatorio bases cotización última alta (máximo 3 meses desde la IT) / n.º días naturales cotizados en el periodo]

A la base reguladora así calculada se le aplicará el porcentaje que corresponda en función de los días de prestación o el tipo de contingencia.

Hasta el 17/03/2023

Para los trabajadores con contrato a tiempo parcial (incluidos los de carácter fijo discontinuos), y respecto a sus bajas médicas, iniciales o de recaída de fecha igual o posterior al 1 de enero de 2015, tanto derivadas de contingencias profesionales como comunes, el cálculo de la base reguladora del subsidio de incapacidad temporal será el resultado de dividir la suma de las bases de cotización a tiempo parcial acreditadas desde la última alta laboral, con un máximo de tres meses inmediatamente anteriores al del hecho causante, entre el número de días naturales comprendidos en el periodo.

La prestación económica se abonará durante todos los días naturales en que el interesado se encuentre en la situación de incapacidad temporal.

6.3.4. Protección por desempleo

La asimilación del colectivo analizado a trabajadores a tiempo completo es especialmente relevante, como concreta el art. 245 de la LGSS, con relación a la protección por desempleo. De esta forma, tanto para la determinación del período de ocupación cotizada que determina la duración de la prestación por desempleo, como para la determinación de la base reguladora de la prestación, en el supuesto de que se hayan realizado trabajos a tiempo parcial, la LGSS remite al desarrollo reglamentario de los arts. 269.2 y 270.1 de la LGSS. Atendiendo al Real Decreto 625/1985, de 2 de abril:

- **Duración de la prestación:** en el caso de desempleo parcial, el número de días de prestación será el señalado en la escala general en función del período de ocupación cotizada, independientemente de la reducción de la jornada.

- **Acreditación de las cotizaciones realizadas para lucrar la prestación por desempleo:** Cuando las cotizaciones acreditadas correspondan a trabajos a tiempo parcial realizados al amparo del artículo 12 del texto refundido de la Ley del Estatuto de los Trabajadores, se computará el período durante el que el trabajador haya permanecido en alta con independencia de que se hayan trabajado todos los días laborables o solo parte de los mismos, y ello, cualquiera que haya sido la duración de la jornada (art. 3.4 del Real Decreto 625/1985, de 2 de abril). La duración de la prestación depende del tiempo cotizado en los últimos seis años (2.160) *«cualquiera que haya sido la duración de la jornada»*. **Es decir, cada jornada (a tiempo completo o parcial) suma un día completo a los efectos de cálculo de la duración de la prestación.**

- **Cotización durante la percepción de la prestación por desempleo:** la base por la que deberá cotizarse a la Seguridad Social en los casos de desempleo parcial o trabajo a tiempo parcial se reducirá en proporción a la disminución de la jornada o de la cuantía de la prestación, respectivamente.

- La prestación y el subsidio por desempleo serán compatibles:
  - Con el trabajo retribuido por cuenta ajena a tiempo parcial. Para este caso se establecen distintas situaciones:
    - Cuando un trabajador esté percibiendo prestación o subsidio por desempleo como consecuencia de la pérdida de un trabajo a tiempo completo o parcial y obtenga una colocación a tiempo parcial, se le deducirá del importe de la prestación o subsidio la parte proporcional al tiempo trabajado (art. 282.1 de la LGSS).
    - Cuando un trabajador realice un trabajo a tiempo completo y otro a tiempo parcial, si pierde el trabajo a tiempo parcial, no podrá percibir prestación o subsidio por desempleo; si pierde el trabajo a tiempo completo percibirá prestación o subsidio por desempleo, deduciéndose de la cuantía correspondiente la parte proporcional al tiempo trabajado.
    - Cuando el trabajador realice dos trabajos a tiempo parcial y pierda uno de ellos, tendrá derecho a percibir la prestación o subsidio por desempleo que le corresponda, sin deducción alguna. La obtención de un nuevo trabajo a tiempo parcial será incompatible con la prestación o subsidio que se le hubiera reconocido.
    - En el caso de compatibilidad de la prestación o subsidio por desempleo y trabajo a tiempo parcial, la reducción de la cuantía de dicha prestación o subsidio no alterará su duración computada en días naturales.
  - Con la pensión de jubilación parcial [art. 14.1.b) del Real Decreto 1131/2002, de 31 de octubre], así como la jubilación parcial y con las pensiones o las prestaciones de carácter económico de la Seguridad Social que hubieran sido compatibles con el trabajo que originó la prestación o el subsidio por desempleo.
  - Con el ejercicio por elección o designación de cargos públicos o sindicales retribuidos que supongan dedicación parcial.

> **A TENER EN CUENTA.** Con efectos de 01/06/204, el art. 2.11 del Real Decreto-ley 7/2023, de 19 de diciembre, modifica las compatibilidades e incompatibilidades de la prestación y el subsidio por desempleo reguladas en el art. 282 de la LGSS.

- **Prestación de servicios en distintas empresas.** Para el supuesto de que en el momento de la situación legal de desempleo se mantengan uno o varios contratos a tiempo parcial se tendrán en cuenta exclusivamente, a los solos efectos de cumplir el requisito de acceso a la prestación, los períodos de cotización en los trabajos en los que se haya perdido el empleo o se haya visto suspendido el contrato o reducida la jornada ordinaria de trabajo.

CUESTIÓN

¿Puedo compatibilizar trabajo a tiempo parcial con prestación por desempleo?

Si estás cobrando prestación y empiezas a trabajar por cuenta ajena a tiempo parcial, puedes optar entre interrumpir el cobro de la prestación, mientras esté vigente el contrato, o compatibilizar el trabajo con el cobro de la prestación contributiva. Si interrumpiste la prestación y el contrato dura menos de 360 días, cuando este finalice, puedes solicitar la reanudación de la prestación. Si el contrato dura 360 días o más, cuando finalice, puedes solicitar una nueva prestación con estas cotizaciones u optar por reanudar la prestación que se interrumpió al empezar a trabajar. (SEPE. Prestaciones por desempleo).

7.
CLAVES PARA CALCULAR LAS NÓMINAS EN CONTRATOS A TIEMPO PARCIAL

Intentaremos explicar cómo calcular nóminas en contratos a tiempo parcial, desde el tiempo de trabajo y salario a percibir hasta las bases de cotización.

> **A TENER EN CUENTA.** Debemos tener presente que el convenio colectivo puede establecer el cobro de los distintos complementos salariales de forma prorrateada o como tiempo completo.

Cálculo del porcentaje de jornada que realiza la persona trabajadora respecto a una jornada completa

Normalmente el convenio aplicable fijará una jornada completa en cómputo anual o semanal, siendo habitual que la jornada completa sea de 1800 o 1780 horas, lo que supondrá una jornada semanal de 40 o 39 horas.

A modo de ej. para una persona trabajadora a tiempo parcial que presta servicios 30 hs. semanales podríamos aplicar la siguiente fórmula:

[N.º de horas que realiza el trabajador/ N.º de horas jornada completa] x 100

$$30 / 40 \times 100 = 75 \%.$$
$$30 / 39 \times 100 = 77 \%.$$

Esto **indica** el número máximo de horas anuales que puede realizar la persona trabajadora. En nuestro ej.:

$$1800 \times 75 \% = 1350 \text{ hs. anuales.}$$
$$1780 \times 77 \% = 1370 \text{ hs. anuales.}$$

> **A TENER EN CUENTA.** Es importante calcular el porcentaje de jornada realizada sobre la jornada máxima establecida por convenio en cada caso. En muchos casos esa jornada puede ser inferior a 40 hs. anuales.

Cálculo del salario base de la persona trabajadora a tiempo parcial

El salario de la persona trabajadora a tiempo parcial dependerá de lo pactado a modo individual en el contrato o de lo establecido en el convenio colectivo aplicable en función al tiempo de trabajo.

A modo de ejemplo, calculamos el salario de una persona trabajadora a tiempo parcial que presta servicios 30 hs. semanales [por 22 días del mes de nov. 2023 realizó 94 hs.] tomando como referencia una jornada completa de 40 hs. semanales [168 hs. mensuales mes de nov. 2023] retribuida a razón de 1500 euros/mes:

1500 euros/mes / 168 hs. mensuales = 8,92 euros/hora.

8,92 euros/hora x 94 hs. mensuales mes de nov. 2023 = 838,48 euros.

> **RESOLUCIÓN RELEVANTE**
>
> **SAN n.º 99/2018, de 14 de junio de 2018, ECLI:ES:AN:2018:2482**
>
> En los contratos a tiempo parcial no cabe calcular el salario/hora dividiendo el salario anual del convenio (que incluye retribución de vacaciones) por las horas de la jornada anual del convenio:
>
> *«(...) la jornada de convenio y el salario de convenio no son parámetros equivalentes, pues, mientras el salario anual comprende, además de la prorrata de pagas extraordinarias, la retribución correspondiente a vacaciones, la jornada anual recoge exclusivamente las horas de trabajo efectivo —excluidas, por tanto, las vacaciones—. Si el salario de convenio incluye la retribución a percibir durante las vacaciones, no cabe dividirlo sin más entre las horas que son exclusivamente de trabajo efectivo y pretender que ese es el valor de la hora de trabajo: será el valor de la hora de trabajo más la parte proporcional de la retribución por vacaciones. En consecuencia, si las horas de trabajo se retribuyen incluyendo la parte proporcional de vacaciones, como se deriva de la pretensión de los demandantes, las vacaciones se abonarían por segunda vez en la nómina correspondiente al mes de su efectivo disfrute. Ello carece de sustento jurídico, y, a mayor abundamiento, generaría una desigualdad injustificada respecto de los trabajadores a tiempo completo, respecto de los que no se ha acreditado esa percepción doble de la retribución por vacaciones, al resultar hecho conforme que lo que la empresa abona por cada hora de trabajo es 7,28 euros».*

Cálculo de las pagas o gratificaciones extraordinarias de la persona trabajadora a tiempo parcial

Se consideran gratificaciones extraordinarias los complementos de vencimiento periódico superior al mes. Con carácter general las personas trabajadores tendrán dos gratificaciones extraordinarias (verano y navidad) que se devengarán por semestres naturales, y por cada día natural en que se haya devengado el salario base (art. 31 del Estatuto de los Trabajadores)

La cuantía de dichos complementos será la que se especifica para cada uno de los grupos o niveles en las tablas del convenio, incrementada —en el caso que proceda— con la antigüedad.

Al personal que ingrese o cese en la empresa se le hará efectiva la parte proporcional de las gratificaciones extraordinarias conforme a los criterios anteriores en el momento de realizar la liquidación de sus haberes.

Es posible que existan trabajadores a tiempo parcial cuyo porcentaje de jornada es distinto a lo largo del año. En tal caso, el cálculo de la paga extra puede resultar más complejo.

Con carácter general corresponderá una proporción de paga extra en función del tiempo trabajado.

A modo de ej.

Salario base a tiempo completo (1.800 hs. anuales por 260 días laborables): 1.400 euros/mes.

Jornada realiza por la persona trabajadora a tiempo parcial:

- 6 horas de lunes a viernes, desde el 01/01/2024 hasta el 30/06/2024 (125 días laborables). 125 días laborables x 6 hs. día = 750 horas semestre.

- 5 horas de lunes a viernes, desde el 01/07/2024 hasta el 31/12/2024 (135 días laborables). 135 días laborables x 5 hs. día = 675 horas semestre.

- Total hs. realizadas: 750 + 675 = 1.425 hs. anuales.

El cálculo de la paga extra se hará teniendo en cuenta la jornada laboral del trabajador, por lo que aplicaríamos una regla de tres:

1.800 horas jornada completa -> 1.400 euros/mes

1.425 hs. jornada parcial -> X

X = [(1.400 euros/mes x 1.425 hs. jornada parcial) / 1.800 horas jornada completa] = **1.108,34 euros paga extra para la jornada parcial analizada**.

A TENER EN CUENTA. Los distintos programas de nóminas realizan los cálculos por días o horas trabajadas, en función al porcentaje de jornada realizado en cada momento, etc.

Cálculo del plus del convenio de la persona trabajadora a tiempo parcial

Es habitual que se establezca un complemento salarial denominado «plus de convenio», de carácter general para todos los trabajadores dentro del ámbito funcional del convenio.

A modo de ejemplo, calculamos el salario de una persona trabajadora a tiempo parcial que presta servicios 30 hs. semanales [por 22 días del mes de nov. 2024 realizó 94 hs.] tomando como referencia una cuantía de este plus de 1.000 euros brutos anuales para una jornada semanal de 40 hs. (168 horas mensuales) cuando el convenio establece la aplicación proporcional de este plus en función de la jornada realizada.

Aplicaríamos una regla de tres:

1.000 euros/año / 12 meses: 83,34 euros/mes plus convenio a jornada completa.

168 horas jornada completa -> 83,34

94 horas jornada parcial -> X

X = [(83,34 euros x 94 horas jornada parcial) / 168 horas jornada completa] = 46,60 euros/mes plus convenio para la jornada parcial analizada.

Cálculo de los complementos por puesto de trabajo

Son aquellos complementos salariales que debe percibir la persona trabajadora por razón de las características del puesto de trabajo o por la forma de realizar su actividad profesional, que comporte conceptuación distinta del trabajo corriente.

Se consideran complementos de trabajo, entre otros, los de penosidad, toxicidad, peligrosidad. Si por cualquier causa desaparecieran las condiciones de excepcional penosidad, toxicidad o peligrosidad, dejarán de abonarse los indicados incrementos, no teniendo por tanto carácter consolidable.

Su retribución a tiempo parcial será según lo estipulado en convenio.

A modo de ej.:

Artículo 49. Complemento por penosidad, toxicidad o peligrosidad [convenio colectivo del sector de derivados del cemento de la Provincia de A Coruña. (BOAC 17/10/2023)]:

«A las personas trabajadoras que tengan que realizar labores que resulten excepcionalmente penosas, tóxicas o peligrosas, deberá abonársele un incremento del 20 por ciento sobre su salario base. Si estas funciones se efectúan durante la mitad de la jornada o en menos tiempo, el incremento será del 15 por ciento, aplicado al tiempo realmente trabajado».

En el caso anterior, para un salario base de 981,59 euros, si las funciones de estas características se retribuirán en función del tiempo en que se desarrollen:

– Más de la mitad de jornada parcial: 981,59 euros x 20 %= 196,32 euros.

– Mitad de jornada parcial o menos tiempo: 981,59 euros x 15 %= 147,23 euros.

Complementos por calidad o cantidad de trabajo, primas o incentivos

Son aquellos complementos salariales que debe percibir la persona trabajadora por razón de una mejor calidad o mayor cantidad de trabajo, vayan o no unidos a un sistema de retribución por rendimientos. Debe percibirse cuando se constate su no realización, siendo, por tanto, no consolidables.

Para el abono de este tipo de complementos no podemos generalizar el establecimiento de proporcionalidad.

Vacaciones

En este supuesto se analiza la retribución del período de vacaciones anuales a las personas trabajadoras (arts. 12 y 38 del ET, art. 7 del Convenio número 132 de la OIT de 1970 y art. 4.1 del Acuerdo marco sobre el trabajo a tiempo parcial (Directiva 97/81/CE, de 15 de diciembre)].

El complemento salarial a percibir por vacaciones comprenderá el promedio de la totalidad de las retribuciones salariales percibidas durante el periodo que se indique en convenio inmediatamente anterior a la fecha de disfrute de las vacaciones, a excepción de las horas extraordinarias y gratificaciones extraordinarias. Es decir, debe garantizarse la retribución ordinaria o habitual «que en estos casos es la resultante de promediar la que hubiere recibido a lo largo de los once meses correspondientes a la anualidad de devengo vacacional retribuido». (STS n.º 257/2020, de 17 de marzo de 2020, ECLI:ES:TS:2020:1181).

A los efectos del devengo de vacaciones, se considerará como tiempo efectivamente trabajado el correspondiente a la situación de incapacidad temporal, sea cual fuere su causa. El mismo criterio se aplicará para los supuestos de cese por finalización de contrato.

La jornada de convenio y el salario de convenio no son parámetros equivalentes, pues, mientras el salario anual comprende, además de la prorrata de pagas extraordinarias, la retribución correspondiente a vacaciones, la jornada anual recoge exclusivamente las horas de trabajo efectivo —excluidas, por tanto, las vacaciones—. Las dudas en este campo, por tanto, surgen en las horas de servicios prestadas a efectos de cómputo y en el valor por el que se retribuyen. (SAN n.º 99/2018, de 14 de junio de 2018, ECLI: ES:AN:2018:2482).

> **CUESTIÓN**
>
> **¿Cómo se retribuyen las vacaciones del trabajador a tiempo parcial que a lo largo del año sufre distintas novaciones contractuales que amplían o disminuyen su jornada?**
>
> Promediando lo percibido a lo largo del año. (STS n.º 257/2020, de 17 de marzo de 2020, ECLI:ES:TS:2020:1181).

Base de cotización

Como para cualquier trabajador, la base de cotización para todas las contingencias y situaciones amparadas por la acción protectora del Régimen General de las personas trabajadoras a tiempo parcial estará constituida por la remuneración total (tanto en metálico como en especie) que con carácter mensual perciba por razón del trabajo que realice por cuenta ajena.

La base máxima se aplicará de idéntica forma que para los trabajadores a tiempo completo. Las bases mínimas se encuentran específicamente reguladas en la orden anual de cotización.

Puede verse un ej. numérico de los cálculos para conocer la base máxima y mínima en «Cotización máxima y mínima de los trabajadores a tiempo parcial».

‖ Bases de cotización por contingencias comunes

Será el resultado de multiplicar el número de horas realmente trabajadas por la base mínima horaria.

‖ Bases de cotización por contingencias profesionales, desempleo, fondo de garantía salarial, formación profesional y MEI

Se aplican las mismas reglas que para las contingencias comunes incluyendo como concepto computable las horas extraordinarias.

A modo de ej.:

- Persona trabajadora a tiempo parcial que en diciembre de 2023 realiza 84 horas.
- Se le aplica la tarifa del grupo 7 de cotización.
- Salario base: 425 euros/mes.
- Paga extra prorrateada: 71 euros/mes
- Remuneración total (base de cotización): 496 euros/mes.
- Contrato indefinido.
- Tope mínimo de cotización para trabajadores a tiempo parcial: 84 horas x 7,59 euros base mínima por hora grupo 7 de cotización para el año 2023 = 637,56 euros.

Cotización en nómina:

Dado que la base de cotización es inferior a la establecida legalmente cotizará por la mínima establecida legalmente (CANTIDADES SIGUIENDO ORDEN DE COTIZACIÓN 2023):

Contingencia	A cargo del trabajador	A cargo de la Empresa
Comunes	4,70 %	23,60 %
Profesionales		CNAE
MEI	0,10 %	0,50 %
Horas Extra-Fuerza Mayor	2,00 %	12,00 %
Horas extras	4,70 %	23,60 %
Desempleo (contrato indefinido)	1,55 %	5,50 %
FOGASA		0,20 %
Formación	0,10 %	0,60 %

Por parte de la persona trabajadora:

Contingencia	% (Porcentaje)	Cuota
Comunes	4,70	29,96
Profesionales	0	
MEI	0,10	0,63
Desempleo	1,6	10,20
FOGASA	0	
Formación	0,10	0,63
IRPF	..	..
TOTAL COSTE COTIZACIONES		41,42

Por parte de la empresa:

Contingencia	% (Porcentaje)	Cuota
Comunes	23,60	150,46
Profesionales (CNAE Hipotético)	1,55	9,89
MEI	0,50	3,18
Desempleo	6,70	42,71
FOGASA	0,20	1,27
Formación	0,60	3,82
TOTAL COSTE COTIZACIONES		168,63

ANEXO.
FORMULARIOS

Escrito de comunicación a la persona trabajadora a tiempo parcial de las horas de trabajo realizadas

En [LOCALIDAD], a [FECHA].

[DATOS_EMPRESA]

Comunicación mensual de resumen de las horas de trabajo a tiempo parcial realizadas

D./D.ª [NOMBRE_PERSONA_TRABAJADORA], trabajador/a de la empresa [NOMBRE_EMPRESA], ha efectuado un número de [NÚMERO] horas ordinarias en el mes de [MES], lo cual suma desde el 1 de enero de [AÑO] un total de [NÚMERO] horas. (2)

La jornada de trabajo anual del año en curso es de [HORAS_AÑO_SEGÚN CONVENIO].

La presente comunicación se realiza a los efectos de cumplir con el mandato de los arts. 8.2 y 12.4 del Real Decreto Legislativo 2/2015, de 23 de octubre, por el que se aprueba el texto refundido de la Ley del Estatuto de los Trabajadores, y art. [NÚMERO] del [CONVENIO_COLECTIVO_APLICABLE] y sin perjuicio del registro horario de la jornada realizada. (1)

[SELLO_Y_FIRMA_EMPRESA]
La empresa

Recibí:

Firma.

D./D.ª [NOMBRE_PERSONA_TRABAJADORA]

---

(1) La jornada de los trabajadores a tiempo parcial se registrará día a día y se totalizará mensualmente, entregando copia al trabajador, junto con el recibo de salarios, del resumen de todas las horas realizadas en cada mes, tanto las ordinarias como las complementarias. (STSJ Castilla y León, rec. 272/2019, de 24 de mayo de 2019, ECLI: ES:TSJCL:2019:2243).

(2) Téngase en cuenta la necesidad de registro diario de jornada según art. 34.9 del ET.

Resumen de horas realizadas por trabajadores a tiempo parcial (art. 12.4 c) ET)

REGISTRO DIARIO DE JORNADA: TRABAJADORES A TIEMPO PARCIAL (1)

EMPRESA:				CCC:		
PERSONA TRABAJADORA:				NIF:		
N.º DE HORAS SEGÚN CONTRATO:				PERÍODO DE LIQUIDACIÓN:		
DÍA TRABAJADO	HORA DE INICIO DE JORNADA	HORA DE FINALIZACIÓN DE JORNADA	HORAS ORDINARIAS	HORAS COMPLEMENTARIAS	TOTAL HORAS	FIRMA TRABAJADOR
1						
2						
3						
4						
5						
6						
7						
8						
9						
10						
11						
12						
13						
14						
15						
16						
17						
18						
19						
20						
21						
22						
23						
24						
25						
26						
27						
28						

29						
30						
31						
TOTAL DE HORAS ORDINARIAS:						
TOTAL DE HORAS COMPLEMENTARIAS:						
TOTAL DE HORAS MENSUALES:						
POR LA EMPRESA				LA PERSONAS TRABAJADORA Recibí		

(1) El empresario deberá conservar los resúmenes mensuales de los registros de jornada durante un periodo mínimo de cuatro años. La omisión de registro de jornada genera la presunción de existencia de jornada a tiempo completo.

Anuncio por parte de la empresa de existencia de vacante a jornada completa (para trabajadores con contratos a tiempo parcial)

En [PROVINCIA], a [FECHA]

[DATOS_EMPRESA]

A LA ATT. DE TODOS LOS TRABAJADORES TEMPORALES, FORMATIVOS O A TIEMPO PARCIAL DE [NOMBRE_EMPRESA]. (1)

Por medio del presente anuncio, y en cumplimiento de lo establecido en el art. 15.7 del Real Decreto Legislativo 2/2015, de 23 de octubre, por el que se aprueba el texto refundido de la Ley del Estatuto de los Trabajadores, la dirección de la empresa comunica mediante este anuncio la actual existencia de las siguientes vacantes en los siguientes grupos profesionales:

I.- **Puesto:** [DESCRIPCIÓN].

Grupo profesional: [DESCRIPCIÓN].

Titulación/experiencia necesaria: [DESCRIPCIÓN].

Duración de la contratación: [FECHA] - [FECHA].

II.- **Puesto:** [DESCRIPCIÓN].

Grupo profesional: [DESCRIPCIÓN].

Titulación/experiencia necesaria: [DESCRIPCIÓN].

Duración de la contratación: [FECHA] - [FECHA].

Los interesados/as pueden ponerse en contacto con el departamento de RR.HH. de la empresa en un plazo no superior a [NÚMERO] días. (2)

[SELLO_Y_FIRMA_EMPRESA]
La empresa.

---

(1) Esta información podrá facilitarse mediante un anuncio público en un lugar adecuado de la empresa o centro de trabajo, o mediante otros medios previstos en la negociación colectiva, que aseguren la transmisión de la información.

(2) A pesar de que la norma no impone ningún requisito para la contestación por parte de los trabajadores es recomendable fijar un plazo razonable salvo especificación por convenio.

Modelo de acuerdo para la conversión de jornada parcial a completa y viceversa

En [LOCALIDAD], a [DÍA] de [MES] de [AÑO]

REUNIDOS

El trabajador D./D.ª [NOMBRE_PERSONA_TRABAJADORA], con domicilio en [DOMICILIO_TRABAJADOR] provisto de DNI n.º [DNI_TRABAJADOR], y afiliación a la SS n.º [NÚM_SEG_SOCIAL_TRABAJADOR]. Y por la empresa, D./D.ª [NOMBRE_EMPRESARIO], en su calidad de [ESPECIFICAR_CARGO_EMPRESA_Y_ORIGEN_PODERES] de la empresa [NOMBRE_EMPRESA], con domicilio en [DOMICILIO_SOCIAL].

MANIFIESTAN

I) El trabajador está vinculado a la empresa por un contrato laboral, bajo la modalidad de [MODALIDAD_CONTRACTUAL], desde el [DÍA] de [MES] de [AÑO], siendo la jornada [ESPECIFICAR] y su horario de trabajo de [HORA] horas a [HORA] horas. II) Ambas partes están conformes en modificar la jornada de trabajo del anterior contrato pasando a ser a [ESPECIFICAR], por lo que

ACUERDAN

I.- Que desde la fecha de este acuerdo el contrato de trabajo que une a las partes pasará a ser un contrato de trabajo a tiempo [ESPECIFICAR], de conformidad con el apdo. 4 e) del artículo 12 del Real Decreto Legislativo 2/2015, de 23 de octubre, por el que se aprueba el texto refundido de la Ley del Estatuto de los Trabajadores.

II.- La nueva jornada laboral será la siguiente: (1)

[NÚMERO] horas semanales

[NÚMERO] horas mensuales

[NÚMERO] horas anuales

III.- El horario de trabajo será: desde las [HORA] a las [HORA] horas. (1)

IV.- El trabajador tendrá preferencia para retornar a sus anteriores condiciones de jornada de trabajo, siempre que hubiera vacantes, y de conformidad con lo dispuesto en la citada letra e) del art. 12.4 del Estatuto de los Trabajadores, y en el Convenio Colectivo de [CONVENIO_COLECTIVO_APLICABLE]. (2)

V.- La retribución del trabajador, pasa a ser de [CANTIDAD] euros, distribuida en los siguientes conceptos salariales: [ESPECIFICAR], según el [CONVENIO_COLECTIVO_APLICABLE].

VI.- Respecto del resto de las condiciones de trabajo se estará a lo dispuesto en el Contrato de Trabajo suscrito inicialmente el [DÍA] de [MES] de [AÑO].

VII.- Paralelamente se enviará comunicación al SEPE de las modificaciones operadas en su relación laboral.

En prueba de conformidad con el contenido lo firman:

Firma.   Firma.

D./D.ª [NOMBRE_PERSONA_   D./D.ª [NOMBRE_EMPRESARIO]
TRABAJADORA]

---

(1) Se recomienda hacer constar por escrito el número de horas ordinarias de trabajo al día, a la semana, al mes o al año contratadas, así como el modo de su distribución según lo previsto en convenio colectivo. (apdo. 2, Art. 8 ET).

(2) A fin de posibilitar la movilidad voluntaria en el trabajo a tiempo parcial, el empresario deberá informar a los trabajadores de la empresa sobre la existencia de puestos de trabajo vacantes, de manera que aquellos puedan formular solicitudes de conversión voluntaria de un trabajo a tiempo completo en un trabajo a tiempo parcial y viceversa, o para el incremento del tiempo de trabajo de los trabajadores a tiempo parcial, todo ello de conformidad con los procedimientos que se establezcan en convenio colectivo.

(3) Los empresarios se encuentran obligados a comunicar a la oficina pública de empleo en el plazo de los diez días siguientes a su concertación y en los términos que reglamentariamente se determinen el contenido de los contratos de trabajo que celebren o las prórrogas de los mismos, deban o no formalizarse por escrito (Art. 8 Real Decreto Legislativo 2/2015, de 23 de octubre).

Escrito de comunicación para realizar las horas complementarias pactadas

En [PROVINCIA], a [DÍA] de [MES] de [AÑO].

[NOMBRE_EMPRESA].

Sr./Sra. D./D.ª [NOMBRE_PERSONA_TRABAJADORA].

Muy señor/a nuestro/a:

Como Ud. sabe el pasado día [FECHA] firmó un pacto de horas complementarias por el que se comprometió, a solicitud de la empresa, a la realización de hasta un máximo de [NÚMERO] horas complementarias anuales que suponen un porcentaje del [PORCENTAJE] % respeto a las horas pactadas. (1)

Por la presente y de conformidad con lo establecido en el citado pacto de horas complementarias, los apdos. 5 c) y d) del art. 12 del Real Decreto Legislativo 2/2015, de 23 de octubre, por el que se aprueba el texto refundido de la Ley del Estatuto de los Trabajadores y el artículo [NÚMERO] del convenio colectivo del [CONVENIO_COLECTIVO_APLICABLE], le requerimos para realizar las horas complementarias pactadas con Ud. del siguiente modo: (2)

- [FECHA], [DESCRIPCIÓN].
- [FECHA], [DESCRIPCIÓN].
- [FECHA], [DESCRIPCIÓN].

Sin otro particular, reciba un cordial saludo.

[SELLO_Y_FIRMA_EMPRESA]
La empresa

Recibí

Firma.
D./D.ª [NOMBRE_PERSONA_TRABAJADORA]

---

(1) El número de horas complementarias pactadas no podrá exceder del treinta por ciento de las horas ordinarias de trabajo objeto del contrato. Los convenios colectivos podrán establecer otro porcentaje máximo, que, en ningún caso, podrá ser inferior al citado treinta por ciento ni exceder del sesenta por ciento de las horas ordinarias contratadas.

(2) El trabajador deberá conocer el día y la hora de realización de las horas complementarias pactadas con un preaviso mínimo de tres días, salvo que el convenio establezca un plazo de preaviso inferior.

Cód. 04-01

COLEX

LA EDITORIAL JURÍDICA DE REFERENCIA PARA LOS PROFESIONALES DEL DERECHO **DESDE 1981**

Paso a paso   Códigos comentados   Vademecum

Formularios   Flashes formativos   Colecciones científicas

DESCUBRA NUESTRAS OBRAS EN:

www.colex.es

Editorial Colex SL   Tel.: 910 600 164   info@colex.es